CONEXIONES

LECTURAS PARA HISPANOHABLANTES

PRENTICE HALL

JUNTOS

UNO

Y0-CAZ-010

PRENTICE HALL
Simon & Schuster Education Group
A VIACOM COMPANY

PRENTICE HALL STAFF CREDITS

Director of Foreign Languages: Marina Liapunov

Director of Marketing: Karen Ralston

Project Support: Julie Demori

Advertising and Promotion: Carol Leslie, Alfonso Manosalvas, Rip Odell

Business Office: Emily Heins

Design: Jim O'Shea, AnnMarie Roselli

Editorial: Guillermo Lawton-Alfonso, José A. Peláez, Generosa Gina Protano, Barbara T. Stone

Manufacturing and Inventory Planning: Katherine Clarke, Rhett Conklin

Media Resources: Libby Forsyth, Maritza Puello

National Consultants: Camille Wiersgalla, Mary J. Secrest

Permissions: Doris Robinson

Product Development Operations: Laura Sanderson

Production: Janice L. Lalley

Sales Operations: Hans Spengler

Technology Development: Richard Ferrie

ISBN 0-13-415621-8

1 2 3 4 5 6 7 8 9 10 00 99 98 97

PRENTICE HALL
Simon & Schuster Education Group
A VIACOM COMPANY

ACKNOWLEDGMENTS

Grateful acknowledgment is made to the following for permission to reprint copyrighted material:

Agencia Literaria Carmen Balcells, S.A.
Excerpt from "El tío Lucho" by Mario Vargas Llosa from *El pez en el agua*. Copyright © 1993 by Mario Vargas Llosa. Reprinted by permission of Agencia Literaria Carmen Balcells, S.A. Excerpt from "Una resurreción en tierra extraña" by Gabriel García Márquez from *Relato de un náufrago*, Editorial La Oveja Negra. Copyright © 1980 by Gabriel García Márquez. Reprinted by permission of Agencia Literaria Carmen Balcells, S.A. Excerpt from *Paula* by Isabel Allende. Copyright © 1994 by Isabel Allende. Reprinted by permission of Agencia Literaria Carmen Balcells, S.A. "Oda a las papas fritas" by Pablo Neruda from *Odes to Common Things*, Bulfinch Press. Copyright © heirs of Pablo Neruda. Reprinted by permission of Agencia Literaria Carmen Balcells, S.A.

Agencia Literaria Latinoamericana
"Obatalá y Orula" from *Fronteras Literatura y Cultura*, Holt, Rinehart and Wiston, 1987. Reprinted by permission of Agencia Literaria Latinoamericana.

Luis Alberto Ambroggio
"Aprender el inglés" by Luis Alberto Ambroggio from *Poemas de amor y vida*. Copyright © 1987 by Luis Alberto Ambroggio. Reprinted by permission of the author.

Enrique Anderson Imbert
"Espiral" by Enrique Anderson Imbert from *El gato de Cheshire*, Editorial Losada. Copyright © 1963 by Enrique Anderson Imbert. Reprinted by permission of the author.

Asosiación General de Autores del Uruguay (AGADU)
"Ansia" by Juana de Ibarbourou from *Juana de Ibarbourou, Obras (acervo del estado) volumen 3*, Instituto Nacional del Libro. Copyright © heirs of Juana de Ibarbourou. Reprinted by permission of Asosiación General de Autores del Uruguay (AGADU).

Autoridad de Energía Eléctrica de Puerto Rico
"Qué hacer frente a un huracán" first appeared in the newspaper *El Nuevo Día*. Copyright © Autoridad de Energía Eléctrica de Puerto Rico. Reprinted by permission of Autoridad de Energía Eléctrica de Puerto Rico.

Susan Bergholz Literary Services
"Buenos Hot Dogs" " by Sandra Cisneros 1994. First published in *COOL SALSA*, Henry Holt. Originally published in English in *MY WICKED WICKED WAYS*, Third Woman Press and in hardcover by Alfred A. Knopf. Reprinted by permission of Susan Bergholz Literary Services, New York. All rights reserved.

Cambio 16
"Asignatura pendiente" by Julio Ros, appeared in the magazine *Cambio 16*, July 1995. Reprinted by permission of Cambio 16.

Cora M.B. de Cané
"La niña sale de compras" by Luis Cané from *Romancero de las niñas*, Buenos Aires, 1932. Copyright © heirs of Luis Cané. Reprinted by permission of Cora M.B. de Cané.

CARAS
"Paloma Herrera: alas en los pies" by M.L.G, originally titled "Paloma Herrera a los quince años tras los pasos de la Pavlova," appeared in the magazine *Caras*, August, 1991. Reprinted by permission of Revista CARAS, Argentina, Editorial Perfil, S.A.

CIDCLI, S.C.
Riddles: "El río," "El agua," "El sol," "El jitomate," "La sal," El elote," "El disco fonográfico," "El teléfono" Edited by Rosanela Álvarez from *La Quisicosa: adivinanzas tradicionales para niños*. Colección La saltapared. Copyright © 1994 CIDCLI, S.C. México. Reprinted by permission of CIDCLI, S.C., México.

Coquena Grupo Editor
Riddles: "El televisor," "La escoba," "La cama," "El Reloj" by Carlos Silveyra from *Adivinanzas para mirar en el espejo*. Copyright © 1989 by Coquena Grupo Editor. Reprinted by permission of Coquena Grupo Editor.

Abelardo Delgado
"Homenaje a los padres chicanos" by Abelardo Delgado, from *It's Cold: 52 Cold Thoughts-Poems of Abelardo*, Barrio Publications. Copyright © 1974 by Abelardo Delgado. Reprinted by permission of the author.

Ediciones Huracán
"Cantar marinero" by Julia de Burgos from *El mar y tú*. Copyright © 1981 by Ediciones Huracán. Reprinted by permission of Ediciones Huracán.

Editora El Conuco
"El costo de la vida" by Juan Luis Guerra, appeared in the record *Areíto* (1992) by Juan Luis Guerra. Copyright © 1992 by Juan Luis Guerra and Diblo Dibala. Reprinted by permission of Editora El Conuco.

Editorial América S.A.
"Un terremoto en mi cuarto" appeared in the magazine *Tú Internacional,* June 1992. Reprinted by permission of Editorial América S.A. "Jeans: la obsesión continúa" appeared in *Tú Internacional*, June 1992. Reprinted by permission of Editorial América S.A.

Editorial Atlántida
"Los chicos del fin del mundo" by Martha Wierzbicki, appeared in the magazine *Gente*, June 1994. Reprinted by permission of Editorial Atlántida.

Editorial Cordillera
"Nostalgia" by Virgilio Dávila from *Aromas del terruño* , Editorial Cordillera, Twelfth Edition. Copyright © 1991 by Editorial Cordillera. Reprinted by permission of Editorial Cordillera.

Editorial CIMA
"Una carta a Dios" by Gregorio López y Fuentes from *Cuentos campesinos de México*, Editorial CIMA, 1940.

Editorial Patria, S.A.
From "Un weekend en Valle" by Guadalupe Loaeza from *Compro, luego existo*. Copyright © 1992 Guadalupe Loaeza. Reprinted by permission of Editorial Patria, S.A. DE C.V. México, 1992.

El PAÍS INTERNACIONAL S.A.
"Los problemas de la ciudad" by Rafael Ruiz, originally titled "Los problemas de tráfico y vivienda centran el congreso de ciudades saludables", appeared in the *El País Newspaper*, April 1995. Copyright "El PAÍS" 1995 Rafael Ruiz. Reprinted by permission of El PAÍS INTERNACIONAL S.A. "Port Aventura" by Javier Martín, appeared in *El País Weekly* , April 1995. Copyright "El PAIS" 1995 Javier Martín. Reprinted by permission of El PAÍS INTERNACIONAL S.A. "Ficción" by Juan José Millás, appeared in *El País Newspaper,* March 1990. Copyright "El PAÍS" 1995 Juan José Millás. Reprinted by permission of El PAÍS INTERNACIONAL S.A.

Armando Fernández
"Algo viejo, algo nuevo, algo azul y algo hispano" by Armando Fernández, appeared in the magazine *Vista*, June 1995. Copyright © 1995 by Armando Fernández. Reprinted by permission of the author.

continued on page 128

CONTENIDO

LA CIUDAD

La arquitectura de cada ciudad nos cuenta su historia. Sus calles, plazas y edificios reflejan el pasado de sus pobladores. La Ciudad de México, construida sobre la antigua capital azteca, Tenochtitlán, es un ejemplo de diversidad cultural.

En su centro se pueden ver las influencias indígenas y españolas que dieron origen a la cultura mexicana.

En las páginas siguientes, vemos la ciudad a través de una leyenda, un poema, un artículo y una canción. ¡Comencemos ahora nuestro recorrido literario!

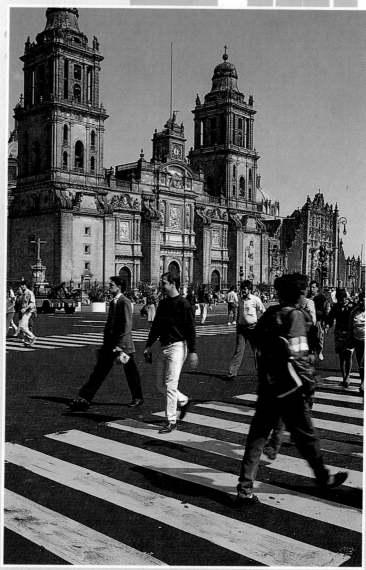

▲ La Catedral de la Ciudad de México.

La canción "México lindo" habla del amor a la tierra mexicana. Su autor, Chucho Monge (1914-1964), es un famoso compositor mexicano.

MÉXICO LINDO

Chucho Monge

Voz de la guitarra mía,
al despertar la mañana,
quiero cantar la alegría
de mi tierra mexicana.

Yo le canto a sus volcanes
a sus praderas° y flores,
que son como talismanes°
del amor de mis amores.

México lindo y querido
si muero lejos de ti,
que digan que estoy dormido,
y que me traigan aquí.
Que digan que estoy dormido,
y que me traigan aquí.
México lindo y querido
si muero lejos de ti.

Que me entierren en la sierra
al pie de los magueyales°
y que me cubra esta tierra,
que es cuna de hombres cabales.°

México lindo y querido
si muero lejos de ti,
que digan que estoy dormido,
y que me traigan aquí.

praderas: *campos cubiertos de hierba* **talismanes:** *objetos para atraer la suerte*
magueyales: *plantas de la familia de los cactos* **cabales:** *correctos*

8

Notas

Una **leyenda** narra sucesos históricos que con el tiempo adquieren un carácter fantástico o maravilloso. Esta leyenda popular cuenta el origen de un edificio que está en el centro de la Ciudad de México. Su fachada de azulejos blancos, amarillos y azules, nos recuerda la influencia árabe en la arquitectura española.

Prepárate para leer

A continuación leerás la historia de lo que hizo un joven con su dinero.
¿Qué harías con el dinero si tuvieras una fortuna?
Lee el título y mira las ilustraciones. ¿Cómo te imaginas al joven?
¿Qué crees que hizo con su dinero?

▲ Interior de la Casa de los Azulejos.

La Casa de los Azulejos

En Nueva España, que era como se llamaba México en el siglo XVII, el virrey° gobernaba rodeado de una corte de caballeros con los que compartía paseos, festejos y diversiones. Entre los nobles de la corte era famoso el conde de Orizaba, pues ninguno era tan despreocupado ni derrochaba° tanto dinero como él. Su padre, quien había hecho fortuna con gran valor y sacrificio, sufría por las costumbres de su hijo, y no cesaba de hablarle para que cambiara de actitud. Pero todos los razonamientos eran inútiles. El joven Luis siguió malgastando el dinero de su padre y llamando la atención con lujos exagerados. Su frivolidad era tanta, que llegó un día a oídos del virrey, quien comentó con ironía: "Ése no hará nunca casa de azulejos". Esta frase, que significaba que el joven don Luis no haría nada de provecho con su dinero, hirió al muchacho en su amor propio.

A partir de ese día, decidió recuperar su honor ante los caballeros de la corte. En poco tiempo compró una hermosa mansión en el centro de la ciudad y la cubrió de brillantes azulejos con bellos dibujos en azul, blanco y amarillo.

Algún tiempo después, el joven conde amuebló° la casa con buen gusto y elegancia y organizó una fiesta en honor de sus padres. Al

virrey: *persona que representa y gobierna en nombre del rey*   **derrochaba:** *malgastaba*
amuebló: *colocó muebles*

▲ Fachada de la Casa de los Azulejos en la Ciudad de México.

comienzo de la fiesta todo parecía tan alegre que nadie podía sospechar lo que iba a ocurrir unas horas más tarde. El baile se encontraba en su mejor momento: las parejas bailaban divertidas sobre la enorme alfombra. Se escuchaba el son° de los violines y las flautas. Las joyas y los trajes de seda relucían a la luz de los candelabros° de cristal. De pronto, don Luis notó que un valioso reloj que adornaba la sala había desaparecido. Entonces mandó parar la música y dijo a todos los invitados:

"Alguien se ha robado un reloj de oro y piedras preciosas que me había regalado el rey. Miren, estaba allí, junto a la ventana. A las doce de la noche dará una música que se escuchará en toda la sala. Así el ladrón quedará descubierto".

A continuación hizo apagar las velas y al encenderlas nuevamente, todos vieron que el reloj estaba otra vez en su lugar. Entonces la fiesta continuó. ¡Pero cuál no sería la sorpresa de los presentes al ver que a las doce de la noche, el reloj no tocó ninguna música!

Todo había sido un invento de don Luis para recuperar su valioso regalo.

son: *sonido agradable*   **candelabros:** *candeleros*

A. Organiza el relato en la secuencia correcta.

a. Todo había sido un invento.

b. "Ése no hará nunca casa de azulejos".

c. Su padre no cesaba de hablarle para que cambiara de actitud.

d. Las parejas bailaban divertidas.

B. Escoge el significado correcto para cada palabra.

1. festejo	**a.** brillar
2. diversión	**b.** beneficio
3. frivolidad	**c.** celebración
4. provecho	**d.** entretenimiento
5. relucir	**e.** superficialidad

C. En parejas, contesten las siguientes preguntas.

1. ¿Quiénes son los personajes principales de la leyenda?

2. ¿Cómo es don Luis?

3. ¿Qué reacción tiene don Luis ante las palabras del virrey?

4. ¿Qué sucede durante la fiesta?

5. ¿Crees que don Luis hizo mal en mentir?

6. ¿Por qué don Luis organiza una fiesta en honor de sus padres?

Ampliación

En grupos, escojan un edificio o casa. Después, inventen una leyenda que explique su origen.

¡ADIVINA!

Me rodea, me rodea,
me sigue por donde voy;
y aunque jamás yo lo vea
él está donde yo estoy.

El aire

Notas

Un **poema** es una obra en verso o en prosa en la que se expresan sentimientos o ideas. El poema en verso está dividido en partes que se llaman estrofas. Como las canciones, los poemas tienen ritmo, y por eso se dice que la poesía tiene musicalidad.

Autor: **Octavio Paz (1914)**
Poeta y ensayista mexicano, recibió el premio Nobel de Literatura en 1990. Paz escribe sobre la soledad, el amor, la creación poética y la identidad mexicana. Entre sus obras se destacan: *Libertad bajo palabra* (1949) y *Salamandra* (1962), entre otras. El poema "La calle" pertenece a *Calamidades y milagros* (1937-1947).

Prepárate para leer

Piensa en una calle que conozcas. ¿Qué te llama la atención en ella?
Lee el título y mira las ilustraciones del poema. ¿Cómo te sentirías si caminaras de noche por esa calle?

LA CALLE

Octavio Paz

Es una calle larga y silenciosa.
Ando en tinieblas° y tropiezo° y caigo
y me levanto y piso con pies ciegos
las piedras mudas y las hojas secas
y alguien detrás de mí también las pisa:
si me detengo,° se detiene;
si corro, corre. Vuelvo el rostro:° nadie.

Todo está obscuro y sin salida,
y doy vueltas y vueltas en esquinas
que dan siempre a la calle
donde nadie me espera ni me sigue,
donde yo sigo a un hombre que tropieza
y se levanta y dice al verme: nadie.

tinieblas: *obscuridad* **tropiezo:** *choco contra algo*
detengo: *paro* **rostro:** *cara*

¡ADIVINA!

Me llegan las cartas
y no sé leer,
y aunque me las trago,
no mancho el papel.

El buzón

Después de leer

En grupos, contesten las siguientes preguntas.

1. ¿Cuántos versos hay en el poema?
2. ¿Qué significa la frase "piedras mudas"?
3. ¿Cómo es el tono del poema: alegre, misterioso, o triste?
4. ¿Quién es ese "alguien" que va detrás del poeta?
5. ¿Quién es el "hombre que tropieza"?
6. ¿Cómo se siente el poeta cansado, confundido, o contento?

Ampliación

Escribe un poema de unos diez versos acerca de tu ciudad. Incluye tus sitios favoritos, los recorridos que haces con frecuencia, tu estado de ánimo, las personas, animales y objetos que encuentras.

Notas

Un **artículo** de periódico relata acontecimientos del presente usando un lenguaje sencillo y directo. Tiene una estructura en forma de pirámide invertida. Es decir, se escribe al principio lo más importante y lo menos importante se escribe al final.

Prepárate para leer

Piensa en una ciudad que conoces o que te gustaría conocer.
¿Qué ventajas o desventajas tiene vivir en una ciudad?
Lee el título del siguiente artículo y mira las fotos. ¿Qué problemas de la ciudad muestra?

LOS PROBLEMAS DE LA CIUDAD

Rafael Ruiz

■ **Madrid.** Los problemas de vivienda y tráfico figuran entre las principales preocupaciones de los alcaldes del mundo, de acuerdo con lo que ayer se planteó en Madrid, en el Congreso Internacional de Ciudades Saludables y Ecológicas, una red de casi mil urbes°—la mayoría de países desarrollados—promovida por la Organización Mundial de la Salud.

En un encuentro de siete alcaldes, cada uno sacó a relucir sus quebraderos de cabeza° y experiencias. El alcalde de Oviedo,

urbes: *ciudades grandes*

una ciudad española de 200.000 habitantes, Gabino de Lorenzo, animó a los participantes en el congreso a defender al peatón:° "Echen los coches del centro de la ciudad". Él ha hecho peatonales 80 calles y plazas de Oviedo. La representante de San José de Costa Rica (300.000 habitantes), Cecilia Bolaños, se acercó a expresarle sus dudas: "Queremos hacer algo parecido, pero nos da miedo que la población lo rechace. La gente no está acostumbrada a caminar".

El alcalde de Atenas, Dimitris Avramopoulos, indicó, en el mismo sentido, que hay que liberar el centro histórico de la tiranía del coche para dárselo al peatón.

Un grupo de ciudadanos de Liverpool,

Reino Unido, habló de su gran enemigo: la contaminación por el dióxido de nitrógeno emitido por los coches, que ha hecho, según ellos, que el barrio de Vauxhall tenga una de las tasas° más altas de cáncer de pulmón y de enfermedades respiratorias en Europa.Jerzy Wieczorek, alcalde de Torun, Polonia, (200.000 habitantes), dijo: "Si me preguntan cuáles son nuestros puntos débiles, tengo que decir que la vivienda y la vivienda. Ahora mismo, el 5% de la población está esperando una casa".

Publicado en el periódico
español *El País*

quebraderos de cabeza: *preocupaciones*
peatón: *persona que va a pie*

tasas: *porcentajes*

Después de leer

En grupos, contesten las siguientes preguntas.

1. ¿Dónde se celebró el Congreso Internacional de Ciudades Saludables?
2. ¿Cuáles son las principales preocupaciones de los alcaldes?
3. ¿Qué significa "país desarrollado"?
4 ¿A quién defiende el alcalde de Oviedo? ¿Por qué?
5 ¿Por qué la gente de San José no va a querer sacar los coches del centro de la ciudad?
6 ¿Qué tipo de contaminación tiene Liverpool?
7 ¿Qué enfermedades causa el dióxido de nitrógeno?
8 ¿Cuál creen que es el problema principal de las áreas metropolitanas?
9 ¿Qué pueden hacer los jóvenes?

Ampliación

Escribe un artículo periodístico breve sobre los problemas principales de tu ciudad. Incluye posibles soluciones a esos problemas.

¡ADIVINA!

En la calle me toman,
en la calle me dejan;
en todas partes entro,
de todas partes me
echan.   El polvo

CAPÍTULO 2

LA COMIDA

En el lenguaje popular existen muchas frases referentes a la comida, pues ésta forma parte esencial de la cultura. En Cuba, por ejemplo, cuando algo es muy complicado, se dice que es "un arroz con mango" y en México, cuando algo es muy bueno, se dice que está "como agua para chocolate". En América Latina, las influencias africanas, europeas e indígenas resultaron en platos de sabores fuertes que nos transmiten la sensibilidad e intuición acumuladas por generaciones. Vayamos ahora en nuestro recorrido, desde los campos de frutas tropicales hasta las cocinas que encierran lecciones sobre la vida.

◄ *Tienda de legumbres*, de la artista mexicana Elena Climent (1955).

17

Notas

Los esclavos africanos que fueron llevados a Cuba en el siglo XVI conservaron sus mitos y tradiciones a través de historias fantásticas llamadas **patakines**. Estas enseñan lecciones sobre la vida.

Prepárate para leer

¿Cuál es para ti la mejor de las comidas? ¿Por qué?
Lee el título y mira los dibujos que ilustran la lectura. ¿A quiénes crees que se refiere el título? ¿Qué relación crees que hay entre Obatalá y Orula?

Obatalá y Orula

Hace mucho tiempo, Obatalá° observó que Orula° era muy imaginativo. En más de una ocasión, pensó entregarle el mando del mundo, pero al pensarlo detenidamente, no lo hizo porque Orula era demasiado joven para una misión de tanta importancia, a pesar del buen juicio y seriedad de todos sus actos. Un día, Obatalá quiso saber si Orula era tan capaz como parecía, y le mandó preparar la mejor comida posible.

Obatalá: *el dios afro-cubano más poderoso*   **Orula:** *el dios secretario de Obatalá*

Orula escuchó los deseos de Obatalá, y sin responder, fue directamente al mercado cercano con el fin de comprar una lengua de toro. La condimentó y cocinó de una manera tan singular que Obatalá, satisfecho, se relamía de gusto. Cuando terminó la comida, Obatalá le preguntó la razón por la cual la lengua era la mejor comida que se podía hacer. Orula respondió a Obatalá:

—Con la lengua se da "aché",° se ponderan las cosas, se proclama la virtud, se exaltan las obras y maneras, y también se alaba a los hombres...

Cuando pasó algún tiempo, Obatalá mandó a Orula preparar otra comida, pero esta vez debía ser la peor comida posible. Orula volvió al mercado, compró otra lengua de toro, la cocinó y se la presentó a Obatalá.

Cuando Obatalá vio la misma comida, le dijo:

—¡Orula!, ¿cómo es posible que al servirme esta comida me confesaras que era la mejor, y la presentes ahora como la más mala?

Orula respondió a Obatalá:

—Entonces te dije que era la mejor, pero ahora te digo que es la peor, porque con ella se vende y se pierde a un pueblo, se calumnia° a las personas, se destruye su buena reputación y se cometen las más repudiables° vilezas...°

Obatalá, maravillado de la inteligencia y precocidad de Orula, le dio el mando° del mundo.

---

aché: *espiritualidad*   **calumnia:** *falsa acusación*   **repudiables:** *despreciables*
vilezas: *crueldades*   **mando:** *gobierno*

A. En parejas, escojan la respuesta correcta.

    1. La expresión "relamerse de gusto" significa:

        a. echar mucho picante

        b. saborear la comida

        c. rechazar la comida

    2. "Condimentar" la comida significa:

        a. hablar de algo

        b. ponerle especias

        c. no ponerle sal

    3. "Ponderar" las cosas quiere decir:

        a. destruir algo

        b. discutir las ventajas

        c. resaltar las cualidades

B. Responde a las siguientes preguntas.

    1. ¿Qué simboliza la "lengua" en la historia?

    2. ¿Cuál es la moraleja o enseñanza?

    3. ¿Crees que Obatalá hizo bien en entregarle a Orula el mando del mundo? ¿Por qué?

    4. ¿Cómo es Obatalá?

Ampliación

Pídele a un familiar o amigo(a) la receta de un plato hispanoamericano. Escríbela utilizando el siguiente esquema y tráela a la clase.

Plato:

País de origen:

Ingredientes:

Preparación:

¡ADIVINA!

Blanca soy,
nací en el mar,
y en tu comida
tengo que estar.

La sal

Notas

La **oda** es un poema largo que algunas veces está dividido en estrofas. Por lo general, la oda expresa entusiasmo y exalta cualidades.

Autor: **Pablo Neruda (1904-1973)**
Nació en Parral, Chile, y es uno de los poetas más importantes de la lengua española. Premio Nobel de Literatura en 1971, habla en sus poemas del amor, la soledad, la angustia y la historia de América Latina. Entre sus obras están *Veinte poemas de amor y una canción desesperada* (1924), *Canto general* (1950), *Odas elementales* (1954/1956/1957). El poema, "Oda a las papas fritas", pertenece a *Odas elementales* (1954).

Prepárate para leer

Cuando piensas en papas fritas, ¿qué imágenes te vienen a la mente? ¿qué sensaciones?
Mira las ilustraciones y el título del poema. ¿Crees que las papas fritas pueden inspirar ideas poéticas? ¿Por qué?

¡ADIVINA!

Jito pasó por aquí,
mate le dio la razón;
el que no lo adivine
se le parte el corazón.

El jitomate

22

ODA A LAS PAPAS FRITAS

Pablo Neruda

Chisporrotea°
en el aceite
hirviendo
la alegría
del mundo:
las papas
fritas
entran
en la sartén
como nevadas
plumas
de cisne° matutino°
y salen
semidoradas por el crepitante°
ámbar de las olivas.

El ajo
les añade
su terrenal fragancia,
la pimienta,
polen que atravesó los arrecifes,°
y vestidas
de nuevo
con traje de marfil, llenan el plato
con la repetición de su abundancia
y su sabrosa sencillez de tierra.

chisporrotea: *suena como chispas*   **cisne:** *ave blanca de cuello largo*
matutino: *de mañana*   **crepitante:** *suena a causa del calor*
arrecifes: *rocas a la orilla del mar*

Después de leer

En parejas, contesten las siguientes preguntas.

1. ¿Qué significa "traje de marfil"?

2. ¿A qué le llama el poeta "ámbar de las olivas"?

3. ¿Qué creen que significa "terrenal fragancia"?

4. ¿Con qué se compara a las papas antes de ponerlas en la sartén?

5. ¿Qué opinan de la idea de escribir un poema a las papas fritas?

Ampliación

Escribe un poema de unos cinco versos sobre tu comida favorita.

Notas

Un **artículo** da información de manera amena, accesible y concisa. El siguiente artículo trata un tema científico usando un lenguaje sencillo e interesante.

Prepárate para leer

Piensa en tus frutas favoritas. ¿Qué sabes de su valor nutritivo?

Fíjate en el título y las ilustraciones. ¿Qué clase de información esperas encontrar en un artículo titulado "Frutos del paraíso"?

24

FRUTOS DEL PARAÍSO

Marta Madina

El término "frutos del trópico" evoca° cierta dosis de exotismo, de regalo del paraíso. Para quienes no los conocen, probar un aguacate, una papaya o un zapote, supone adentrarse° en un mundo inusitado° de sensaciones para el paladar.° Y quienes están acostumbrados a ver estos frutos en sus tierras, no dejan de incluirlos en sus comidas diarias. Porque, ¿qué mexicano renunciaría al guacamole? ¿Se imaginan la cantidad de platos latinoamericanos que se perderían si se suprimiera° la piña?

Cada uno de estos frutos tiene su historia, tan antigua como las civilizaciones indígenas que aprendieron a cultivarlos y a descubrir sus propiedades. Más tarde, los conquistadores se dedicaron a describir estos frutos en sus diarios y a transportarlos a España, desde donde se propagarían por el Viejo Continente, llegando incluso a Asia.

Todas estas frutas poseen tal cantidad de vitaminas que podrá incorporarlas a su dieta enriqueciendo su menú. ¿Sabía, por ejemplo, que la papaya, llamada también lechosa, melón zapote o fruta bomba, contiene la enzima papaína que facilita la digestión? Descubra los secretos milenarios de la piña, el aguacate, la papaya y el mango.

evoca: *trae a la memoria* **adentrarse:** *entrar*
inusitado: *inesperado* **paladar:** *gusto*
suprimiera: *eliminara*

Sepa sus secretos

Piña

Su verdadero nombre es "ananás", pero cuando los conquistadores vieron que se parecía a la bellota° del pino europeo decidieron bautizarla como piña. Es una fruta rica en fibra, carbohidratos, hierro y potasio.

Aguacate

La pulpa del aguacate es una fuente incomparable de energía, proteínas, vitaminas y minerales. Sobrepasa a todas las frutas en valor alimenticio. Sin embargo, posee un 30% más de grasa que una aceituna, por lo que tiende a excluirse o limitarse su uso en los casos de dietas.

Papaya

Es una fruta acuosa°, fresca y ligera, perfecta para el verano. Tiene más vitamina C que la naranja y posee grandes cantidades de vitamina A. Tiene una sustancia llamada papaína que ayuda en los problemas digestivos, como la indigestión y la úlcera de estómago.

Mango

Se le conoce como el rey oriental de las frutas. Se cree que proviene de la India, aunque los portugueses lo trajeron a América. Por su jugosidad, se suele añadir a las ensaladas, macedonias y helados. Tiene calcio, fósforo, vitaminas A, K y PP, y tanta vitamina C como la naranja.

bellota: *fruto del pino*   **acuosa:** *con mucha agua*

Publicado en la revista *MÁS*

Después de leer

Contesta las siguientes preguntas.

1. ¿Qué evoca el término "frutos del trópico"?
2. ¿Quiénes aprendieron a cultivar estas frutas y a descubrir sus propiedades?
3. Según el artículo, ¿qué pasa al probar una fruta tropical?
4. ¿Qué otros nombres se le da a la papaya?
5. ¿Qué frutas recomendarían como fuente de vitaminas?, ¿de potasio?, ¿de energía?

Ampliación

En parejas, hagan un cartel de dos frutas o verduras. Busquen en una enciclopedia su valor alimenticio, descripción y origen. Incluyan fotos o dibujos.

¡ADIVINA!

Dientes,
pero no de hombre;
barbas,
pero no de pelo.

El maíz

CAPÍTULO 3

CELEBRACIONES

En este capítulo vamos a hacer un alto en nuestro recorrido literario para aprender cómo las familias hispanas celebran sus fiestas. En esos días especiales de encuentros con amigos y familiares se preservan y se renuevan las tradiciones. La población de origen mexicano en el estado de Texas, por ejemplo, ha mantenido muchas de sus fiestas tradicionales como el Día de los Muertos. A continuación veremos cómo cada familia le da un sentido propio a las celebraciones.

Cumpleaños de Lala y Tudi, de la artista mexico-americana Carmen Lomas Garza.

"Las mañanitas" es una canción tradicional mexicana que se canta el día del cumpleaños y del santo de una persona. El arreglo a continuación es del compositor mexicano Manuel M. Ponce (1886–1948).

LAS MAÑANITAS

ARR. MANUEL M. PONCE

Amapola perfumada
de los llanos de Tepic°
si no estás enamorada
enamórate de mí.

Despierta mi bien despierta
mira que ya amaneció,
ya los pajarillos cantan,
la luna ya se metió.

Estas son las mañanitas
que cantaba el Rey David°
inspiradas y bonitas
te las cantamos a ti.

Abre ya tus lindos ojos
y sal pronto al corredor°
pa' que escuches mis cantares
que ellos son trinos° de amor

Que bonitas mañanitas
con su cielo de zafir°
con su sol resplandeciente°
que nos alegra el vivir.

Tepic: *una ciudad de México*
Rey David: *rey hebreo*
corredor: *pasillo*
trinos: *cantos de los pájaros*
zafir: *zafiro, piedra preciosa*
resplandeciente: *brillante*

Notas

El **tema** es la idea principal de una obra. Hay temas secundarios o subtemas que se desarrollan en contraste, o paralelamente, a la acción principal.

Autora: **Verónica González-Mena**
Nació y se crió en México. Inspirada en experiencias con sus propios hijos, la autora trata temas como la naturaleza y la imaginación infantil. Sus relatos expresan una visión positiva de la mezcla de razas y culturas. Ha publicado libros de poemas como *Senderos* (1971) y cuentos como "El camión" y "Pepín" en 1981. El siguiente cuento se publicó en la antología de prosa chicana *Mosaico de la vida* (1981).

Prepárate para leer

¿Cuáles eran las celebraciones que más te gustaban cuando eras niño(a)? ¿Que tenían de especial?

Mira las ilustraciones y el título del cuento. Luego adivina, ¿en qué está pensando el chico del dibujo?

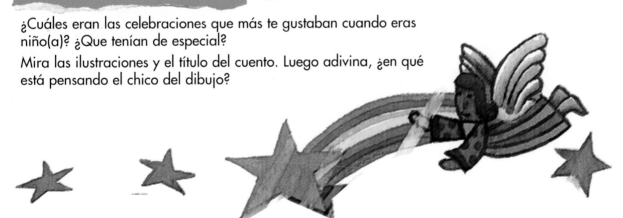

La Navidad de Miguelito

Verónica González-Mena

a Navidad se acercaba. La calle de San Juan se había convertido en un mercado. Para Miguelito la llegada de los mercaderes anunciaba la llegada de las posadas,° y poco después de los Santos Reyes. En cuanto sabía que habían llegado no dejaba a su mamá en paz hasta que ella lo llevaba.

¡Había tanto que ver!, ¡tanto que oler y oír! Cada puesto tenía diferente mercancía. A Miguelito le gustaban más los que vendían objetos para los nacimientos. Había arbolitos con polvo de plata cuyos troncos eran de alambre flexible como un resorte. Cuando Miguelito los tocaba, los arbolitos mecían° la copa diciéndole "llévame", "llévame", y las ramas plateadas le guiñaban° un ojo. También había animalitos: borregos, becerros, burros... Había casitas, lagos con patos. Pero ninguno se movía ni le hablaba como los arbolitos. En un puesto vendían montones de paxtle.° Miguelito estaba seguro que era el pelo y las barbas de los árboles del bosque.

posadas: *fiestas que se celebran en México del 15 al 24 de diciembre*
mecían: *movían*
guiñaban: *cerraban un ojo*
paxtle: *heno, paja*

Pobrecitos, que precisamente para las fiestas los despojaran° de ellos. Cada vez que el chiquitín pasaba ese puesto se tocaba el pelo, ¡qué bueno que a él nadie se lo quitaba!

Otro puesto tenía los dulces, las frutas y las nueces para las piñatas. Miguelito no era malo, pero cuando pasaba por ahí no podía resistir robar un dulce o un cacahuate.° Tenía suerte, el mercado estaba lleno de estatuillas de ángeles, de José y María, y del niño Jesús. Y así, inmediatamente después de su robo y mientras se lo comía, podía pedirles perdón a los santos. Estaba seguro de que ellos le perdonaban, porque hasta ahora nada malo le había pasado.

Lo que menos atraía a Miguelito eran las piñatas. No es que no le gustaran, al contrario, le parecían muy elegantes tan arregladitas y de alegres colores. Ellas también se movían, aunque diferente a los arbolitos. Eran más torpes.° Sería por la panzota que se traían. El pensamiento de esa panza era lo que molestaba al chiquillo, era por lo que no le gustaba verlas. La gente nada más las compraba para romperles la panza. Era mejor no verlas, así no le daban tanta lástima.

A Miguelito nunca se le ocurría comprar algo, nada más veía y veía, ¡era tan bonito ver! Y cuando llegaba a casa y hasta el día de los Santos Reyes soñaba con lo que había visto. Pero en Santos Reyes pensaba en otras cosas. El padrecito le había dicho que tenemos que estar contentos en la Navidad por el nacimiento del niño Jesús. A Miguelito le alegraba que hubiera nacido, a quién no le gusta tener un cumpleaños, pero aunque no se lo decía a nadie, le alegraba más que los Santos Reyes le trajeran regalos.

Había unos niños en la ciudad, a los que los Santos Reyes no les traían nada. Decían que un santo llamado Clos se los traía. Era un señor muy impaciente, que ni siquiera podía esperar hasta enero, siempre venía en diciembre. Ese señor nada más visitaba las casas de los niños güeros.° Miguelito no comprendía por qué los maltrataban así, sólo por ser güeros. A él lo venían a visitar tres, y eran reyes, y

despojaran: *quitaran*
cacahuate: *maní*
torpes: *menos ágiles*
güeros: *rubios (en México)*

eran ricos. Tenían coronas de oro y plata, y muchas joyas. Venían en camellos y tenían pajes° que les servían. Pero el pobre San Clos no tenía nada.

Miguelito casi lloraba cuando se imaginaba lo triste que hubiera sido para él si en lugar de los tres reyes, un santo pobre le trajera los regalos. Quizás pudiera ayudarle a un güerito para que siquiera una vez lo visitaran los Santos Reyes. Miguelito pensó y pensó, ¿qué hacer? Y entonces le vino la idea. Una mentirita chiquita no podía ser mala si era para ayudar. Con las letras más bonitas que podía hacer escribió en un cartel: "San Clos, no vengas a esta casa, aquí vive un niño moreno". Muy quedito, cuando nadie podía verlo, fue a colgar el cartel en la puerta de la casa de un vecino güerito. ¡Se sentía tan contento esa noche! ¡Ahora sí que era Navidad! Casi no pudo dormir pensando en lo contento que estaría el güerito al ver que San Clos no le había traído regalos, y que los Santos Reyes se los traerían.

Miguelito se levantó bien temprano, antes que su mamá y su papá. El sol apenas empezaba a salir. Era difícil decir qué brillaba más, si los rayos del sol o los ojos del chiquillo, tal era su felicidad. Se vistió de prisa y corrió a la casa del güerito para ver su alegría. ¡La ventana estaba tan alta! Miguelito ni alcanzaba, se estiraba y estiraba lo más que podía, pero eso no servía. Por fin, cogiéndose de la repisa, empezó a dar de saltos; apenas alcanzó a ver la cabeza del güerito... ¡estaba riéndose! ¡estaba feliz! De pura alegría, Miguelito se dejó caer, y también riendo corrió a su casa. Mientras Miguelito corría, en la casa del güerito un nuevo tren de juguete corría a sus pies. Los transeúntes,° al asomarse por la ventana, podían ver la cabecita de un niño rubio que sonreía feliz.

pajes: *criados*
transeúntes: *peatones*

Después de leer

Contesta las siguientes preguntas.

1. El tema del cuento lo da el título, ¿cuáles son los subtemas o ideas secundarias?

2. ¿Qué cualidades del protagonista se ven en este cuento?

3. ¿Crees que el niño güerito era mexicano? ¿Por qué?

4. ¿Qué nos enseña Miguelito?

Ampliación

En grupos, digan cuál es la fiesta familiar más divertida del año. Expliquen el por qué. Después, comenten sus conclusiones con la clase.

Notas

El **símil** es una comparación en que se emplean las palabras *como, cual o semejante a.* Por ejemplo: "Fuerte como un roble", "rápido como una liebre". En "Homenaje a los padres chicanos", puedes observarlo.

Autor: **Abelardo Delgado (1931)**
Este escritor chicano nació en México y se crió en El Paso, Texas. Escribe en inglés y en español y sus obras tratan temas que se relacionan con la identidad y la vida del chicano en los Estados Unidos. Ha publicado ensayos, cuentos, novelas y poesías. Algunos de sus libros son: *Bajo el sol de Aztlán: 25 Soles de Abelardo* (1973), *Letters to Louise* (1982). El siguiente poema pertenece a *It's Cold: 52 Cold Thoughts Poems of Abelardo* (1974).

Prepárate para leer

Piensa en una persona importante en tu vida. ¿Qué te gustaría hacer para demostrarle tu afecto?

Según el título y la ilustración, ¿qué visión acerca de los padres da el poeta?

HOMENAJE A LOS *padres* CHICANOS

Abelardo Delgado

Con el semblante° callado,
con el consejo bien templado°,
demandando siempre respeto,
con la mano ampollada y el orgullo repleto,°
así eres tú y nosotros te hablamos este día,
padre, papá, apá, jefito, dad, daddy...father,
como acostumbremos llamarte, eres el mismo.
La cultura nuestra dicta
                                    que el cariño que te tenemos
lo demostremos poco
                                    y unos hasta creemos
que father's day
                        es cosa de los gringos
                                                pero no...
tu sacrificio es muy sagrado
para dejarlo pasar hoy encallado.
Tu sudor es agua bendita
 y tu palabra sabia,
derecha como esos surcos
que con fe unos labran° día tras día,
nos sirve de alimento espiritual
y tu sufrir por tierras
y costumbres tan extrañas,
tu aguante, tu amparo, tu apoyo,
todo eso lo reconocemos y lo agradecemos
y te llamamos hoy con fuerza
                                    para que oigas
aun si ya estás muerto,
                        aun si la carga fue mucha
o la tentación bastante
                        y nos abandonaste
aun si estás en una cárcel
o en un hospital...
óyeme, padre chicano, oye también a mis hermanos,
hoy y siempre, papá, te veneramos.°

semblante: *cara*   **labran:** *hacen*
bien templado: *bueno*   **veneramos:** *adoramos*
repleto: *lleno*

Después de leer

Contesta las siguientes preguntas.

1. Según el poema, ¿cómo es el padre chicano?

2. ¿Por qué los hijos lo llaman de diferentes maneras?

3. ¿Qué cosas les agradecen y reconocen los hijos a sus padres?

4. ¿Estás de acuerdo, o en desacuerdo con los últimos ocho versos ?

Ampliación

En grupos, discutan el siguiente punto: el cariño al padre no se debe demostrar mucho. ¿Qué opinan? Den sus conclusiones a la clase.

Notas

El **reportaje** es un género periodístico que informa sobre acontecimientos de interés general. Amplía una noticia a través de descripciones y entrevistas. Entre los recursos que usa el periodista para atraer al lector, se encuentra el título llamativo. En el siguiente título se evoca un dicho popular.

Prepárate para leer

Piensa en lo siguiente. ¿Cómo imaginas la boda ideal?
Lee el título y mira la fotografía. ¿A qué crees que se refiere el título?

Algo viejo, algo nuevo, algo azul y algo hispano

Armando Fernández

Estamos en plena época de novias, y las jóvenes parejas de hispanos que se van a casar les dan a sus bodas un toque cultural muy especial.

Y como en los cuentos de hadas, se casaron, vivieron muy felices y tuvieron muchos hijos. Todos los años, cientos de parejas hispanas se casan en los Estados Unidos, y aunque el elemento tradicional está presente en muchas de ellas, no se puede decir que todas se ajustan al mismo patrón. Las ceremonias varían de acuerdo con el gusto y carácter de los contrayentes.°

contrayentes: *novios*

Boda charra de Magdalena Alania y el Dr. Raúl Gaona Flores en San Antonio, Texas.

La boda de Anne Estrada y John E. Zepeda tuvo lugar en California, donde viven casi todos los amigos de la joven pareja. Los miembros de la familia viajaron de distintos puntos del país para asistir a la boda. Los novios optaron° por una linda ceremonia al aire libre. Ambos novios, como miembros de la nueva generación de jóvenes hispanos con ideas avanzadas sobre la igualdad de los sexos, querían que los casara una mujer. Fue también la novia, talentosa artista, quien diseñó las invitaciones para que fueran más personales aún.

Quizás una de las ceremonias más tradicionales que se han celebrado en los últimos años fue la boda charra de Magdalena Alania con el doctor Raúl Gaona Flores, en San Antonio, Texas. "Nos casamos en la misión San José, aquí en San Antonio", explica la novia animadamente. Y añade:° "Fue una ceremonia muy tradicional". La novia llegó precedida por el novio y sus amigos, que iban a caballo con sus trajes típicos de charro: chaqueta y pantalón negro con adornos de plata. Después venían las jóvenes de la corte que vestían de Adelitas.°

Después de la boda, los novios festejaron en la casa de Magdalena, donde se sirvió la comida típica de México. "Servimos cabrito, tripa, tortillas y bebidas", dice la novia. "Mi padre trabajó mucho para darme una boda así como ésta, fue una ocasión muy feliz".

Las bodas católicas que se celebran en los países de América Latina siguen el rito toledano° de la iglesia católica española. Además de los anillos, el novio le pasa las arras (monedas) a la novia, mientras le dice: "Aquí te entrego estas monedas en señal de los bienes que vamos a compartir". La novia las recibe y a su vez dice: "Y yo las recibo". Más que española, ésta es una costumbre árabe arraigada° en el sur de España.

Para Lisette, joven de padres cubanos nacida en Connecticut, la tradición es algo muy importante. "Mis padres se casaron en Cuba, y todos los bienes materiales quedaron allá: el vestido de mi madre, el velo, la tiara.° Me hubiera gustado poder usar algo de aquello el día de mi boda, pero como no fue posible, logré que me hiciera mi vestido de novia el mismo modisto que se lo hizo a mi mamá".

La música que se toca para bailar en las bodas hispanas también varía. Todo depende del lugar de donde sean los novios. Pero lo más probable es que en una boda tejana toque un mariachi y se baile al compás de la música Tex-Mex, mientras que en la Florida o Nueva York, se escuchen los contagiosos ritmos de la salsa y el merengue.

Pero..., toquen lo que toquen, sirvan lo que sirvan, tanto en Latinoamérica como aquí en los Estados Unidos, las bodas siguen siendo ocasiones felices, durante las cuales la familia se reúne para festejar la unión de los novios y el comienzo de una nueva vida.

Publicado en la revista de Florida, *Vista*

optaron: *escogieron*
añade: *agrega*
Adelitas: *mujeres que lucharon en la revolución mexicana*

toledano: *de Toledo, España*
arraigada: *que echó raíces*
tiara: *adorno para la cabeza*

Después de leer

Contesta las siguientes preguntas.
1. Según el artículo, ¿cómo son las bodas hispanas?
2. ¿Como se reflejan las distintas tradiciones en el vestido de los novios?
3. ¿Cuál de las ceremonias te llamó más la atención? ¿Por qué?

Ampliación

En grupos, entrevisten a un miembro del grupo acerca de la boda o el cumpleaños de un familiar o amigo(a). Un estudiante tomará notas de la entrevista y relatará lo escuchado a la clase. Cada grupo pensará en títulos originales para cada relato.

CAPÍTULO 4

LA CASA

La arquitectura de una casa refleja las características de una sociedad en un período histórico determinado. Por ejemplo, las Misiones, en Texas, muestran cómo era la vida de los primeros españoles que llegaron a esa región.

Pero las viviendas no sólo tienen un valor arquitectónico, también han sido fuente de inspiración literaria. En este capítulo veremos cómo la casa es también el reflejo del estado de ánimo de las personas y de sus ideas sobre la vida.

Misión San José, en San Antonio, Texas.

Notas

Un **microcuento** es una historia muy corta, cuya extensión suele variar entre unas pocas oraciones y una página. Por lo general, mezcla fantasía y realidad, trata un solo tema y tiene pocos personajes.

Autor: **Enrique Anderson Imbert (1910)**
El argentino Anderson Imbert es el creador del término "microcuento". Ha escrito colecciones de cuentos, como *El grimorio* (1961); novelas como *Vigilia* (1934), *Fuga* (1953), y libros de historia de la literatura hispanoamericana. Anderson Imbert define su estilo como "una escritura de intuiciones que deja la impresión de una sonrisa en el aire". El microcuento que sigue pertenece a *El gato de Cheshire* (1963).

Prepárate para leer

Cuando eras niño(a), ¿había momentos en que confundías la realidad con la fantasía? ¿Por la noche, por ejemplo?

Lee el título y mira la ilustración. ¿Cuál crees que es el tema del microcuento?

Espiral

Enrique Anderson Imbert

Regresé a casa en la madrugada, cayéndome de sueño. Al entrar, todo oscuro. Para no despertar a nadie avancé de puntillas° y llegué a la escalera de caracol que conducía a mi cuarto. Apenas puse el pie en el primer escalón dudé de si ésa era mi casa o una casa idéntica a la mía. Y mientras subía temí que otro muchacho, igual a mí, estuviera durmiendo en mi cuarto y acaso soñándome en el acto mismo de subir por la escalera de caracol. Di la última vuelta, abrí la puerta y allí estaba él, o yo, todo iluminado de luna, sentado en la cama, con los ojos bien abiertos. Nos quedamos un instante mirándonos de hito en hito.° Nos sonreímos. Sentí que la sonrisa de él era la que también me pesaba en la boca. Como en un espejo, uno de los dos era falaz.° "¿Quién sueña a quién?", exclamó uno de nosotros, o quizás ambos simultáneamente. En ese momento oímos ruidos de pasos en la escalera de caracol. De un salto nos metimos uno en otro y así fundidos nos pusimos a soñar al que venía subiendo, que era yo otra vez.

de puntillas: *en punta de pie*   **de hito en hito:** *fijamente*
falaz: *falso*

Después de leer

A. En parejas, contesten las siguientes preguntas.

   1. ¿Cuántos personajes hay en el microcuento?

   2. ¿Dónde se encuentra el protagonista consigo mismo?

   3. ¿Crees que el cuento fue un sueño del protagonista? ¿Por qué?

   4. ¿Qué impresiones o ideas te produjo la lectura de *Espiral*?

   5. ¿Por qué crees que el microcuento se titula *Espiral*?

B. En grupos, escriban lo que ocurre en el microcuento. Luego presenten sus narraciones a la clase. Decidan cuál es la versión más interesante.

Ampliación

Escribe un microcuento que tenga un personaje, un tema y un final sorpresivo.

¡ADIVINA!

Salgo de la sala,
voy a la cocina,
meneando la cola
como una gallina

La escoba

Notas

Una **metáfora** consiste en trasladar el significado de una palabra o frase a otra. Por ejemplo, cuando se llama al rocío "perlas de agua" o al sol "antorcha eterna".

Autor: **Jorge Luis Borges (1899–1986)**
Poeta y cuentista argentino, Borges combina fantasía y realidad de una forma única. Se interesa sobre el ser humano en relación con el universo y escribe en un estilo muy culto. Sus obras fueron traducidas a veintiún idiomas. Algunos de sus libros son: *Historia universal de la infamia* (1935), *El Aleph* (1949) y *Obra poética* (1964). El poema "Un patio" aparece en su libro *Fervor de Buenos Aires* (1923).

Prepárate para leer

¿Hay en tu vecindario alguna casa que te llame la atención?, ¿que te intriga? Descríbela.

Lee el título y mira la ilustración. ¿Qué te sugiere? ¿Qué imágenes esperas encontrar en un poema titulado "Un patio"?

Un patio

Jorge Luis Borges

Con la tarde
se cansaron los dos o tres colores del patio.
Esta noche, la luna, el claro círculo,
no domina su espacio.
Patio, cielo encauzado.
El patio es el declive°
por el cual se derrama el cielo en la casa.
Serena,
la eternidad espera en la encrucijada°
de estrellas.
Grato es vivir en la amistad oscura
de un zaguán, de una parra° y de un aljibe.°

declive: *pendiente*
encrucijada: *cruce*
parra: *planta que trepa en un enrejado*
cuyo fruto es la uva.
aljibe: *pozo de agua*

Después de leer

En parejas, contesten las siguientes preguntas.

1. ¿Qué momento del día describe el poeta? ¿Qué significa la frase "se cansaron los colores"?
2. ¿Qué sensación produce la lectura del poema?
   a. tranquilidad   **b.** alegría   **c.** nostalgia
3. ¿Con qué se asocia el zaguán, la parra y el aljibe?, ¿por qué?
4. ¿Qué significa "oscura" en el poema?
5. ¿Cuántas metáforas hay?, ¿cuáles son?

Ampliación

Escribe un párrafo sobre cuál es para ti la parte más importante de una casa. Explica por qué.

¡ADIVINA!

¿Qué está hecho desde hace mucho tiempo pero tiene que hacerse cada nuevo día?

La cama

Notas

Los periódicos y las revistas son medios de información, y también de entretenimiento y educación. Los lectores pueden escribir **cartas** para expresar sus opiniones o contar sus problemas. De esta manera la prensa mantiene una relación activa y directa con los lectores.

Prepárate para leer

¿Con quién te gustaría compartir tu cuarto? ¿Crees que sería necesario tener ciertas reglas para mantener la paz?, ¿cuáles?

Lee la primera carta, ¿qué consejos crees que "En privado" le va a dar a Ángela?

¡ADIVINA!

Nunca para, ni de noche,
este buen trabajador.
Calladito marca el paso
todo el día, un-dos, un-dos.
Cuando todo está en silencio
puedes escuchar su voz.

El reloj

UN TERREMOTO EN MI CUARTO

Querida Nikki:

Nikki. Mi problema tiene nombre y apellido: se trata de mi hermana. Compartimos la habitación y eso me tiene desesperada. Ella es la reina del desorden. Creo que no existe nadie que pueda superarla° en eso. Su idea del orden consiste en dejar la ropa sucia encima de la cama o simplemente tirarla al piso. El lado del cuarto que me pertenece está siempre ordenado, pero el de ella parece un centro de desechos tóxicos. Esa es la razón de nuestras discusiones. Estoy cansada de su comportamiento.

Ángela Torres
Caguas, Puerto Rico

superarla: *ganarle*

Querida Ángela:

Las chicas que comparten una habitación deben establecer ciertas normas básicas que deben cumplirse y respetarse, para sentirse cómodas y felices en el ambiente que poseen en común. Si alguna de las dos insiste en mantener sus costumbres, aún sabiendo que a la otra le molestan, entonces comienzan los choques y problemas como el que estás viviendo.

En tu caso, creo que llegó el momento de hablar con tu hermana frente a tus padres. Explícales tu situación, diles qué te molesta y exponles° los cambios que desearías se hicieran. Al mismo tiempo, debes concederle° a tu hermana la oportunidad de expresar qué cosas quisiera cambiar. Con la ayuda de tus padres pueden encontrar un punto intermedio donde ambas cedan° en

exponles: *explícales*   **concederle:** *darle*
cedan: *renuncien*

algunas cosas y se comprometan a cambiar otras. Si la situación no mejora, tendrás que considerar la posibilidad de poner una cortina o algún tipo de división que separe por completo tu ambiente del de ella. De esta forma te sentirás más cómoda en el espacio que te corresponde.

Publicado en la revista *Tú*

¿Tienes un problema y nadie a quién contárselo? ¡Cuenta conmigo desde hoy! Escríbeme a:

EN PRIVADO, REVISTA TÚ
6355 N.W. 36th St.,
Virginia Gardens, FL. 33166
EE.UU.

Tu amiga,
NICOLE

Después de leer

Contesta las siguientes preguntas.

1. ¿A cuál de las dos hermanas escogerías como amiga? ¿Por qué?

2. ¿A cuál de las dos personalidades te pareces? ¿Por qué?

3. ¿Crees que el problema entre las dos chicas tenga otra solución? ¿Cuál?

Ampliación

En parejas, diseñen su cuarto ideal. Incluyan dibujos o fotos.

CAPÍTULO 5

LA PLAYA

En este capítulo vamos a visitar las playas del Caribe, que son famosas por su belleza natural. La playa nos hace evocar juegos en la arena, deportes acuáticos y la alegría del verano, pero también nos hace reflexionar sobre cosas serias y profundas.

En la literatura el mar se utiliza como símbolo de ideas y sentimientos. A continuación verás cómo una escritora refleja en él sus emociones, un marinero vive una aventura y un chico prueba sus destrezas enfrentándose a las olas del mar.

Paisaje doble, del artista puertorriqueño Rafael Ferrer (1933).

Antonio Cabán Vale es un compositor y cantante puertorriqueño que escribe sobre el amor a la patria. "Verdeluz" es una canción muy popular que exalta la nacionalidad puertorriqueña.

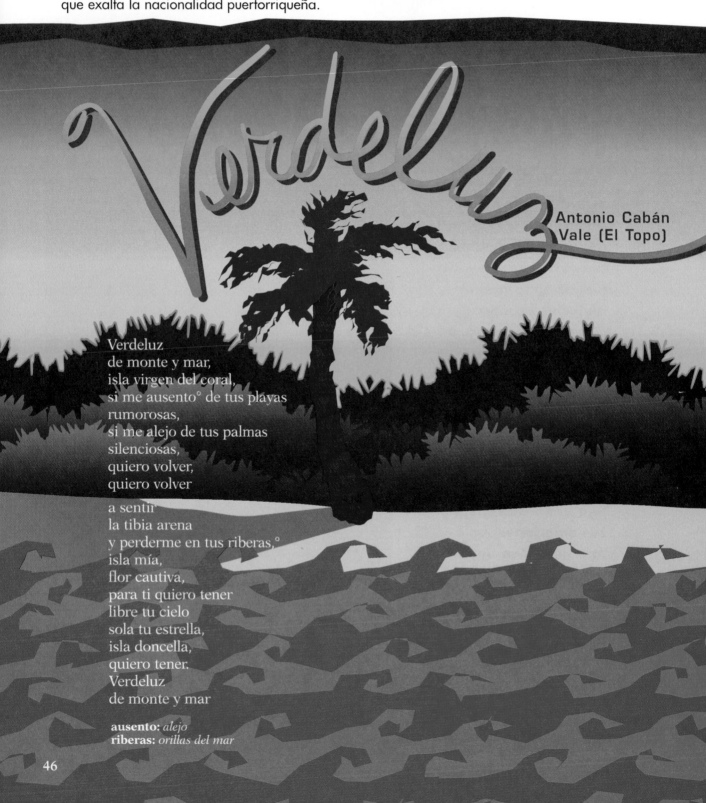

Verdeluz

Antonio Cabán Vale (El Topo)

Verdeluz
de monte y mar,
isla virgen del coral,
si me ausento° de tus playas
rumorosas,
si me alejo de tus palmas
silenciosas,
quiero volver,
quiero volver

a sentir
la tibia arena
y perderme en tus riberas,°
isla mía,
flor cautiva,
para ti quiero tener
libre tu cielo
sola tu estrella,
isla doncella,
quiero tener.
Verdeluz
de monte y mar

ausento: *alejo*
riberas: *orillas del mar*

Notas

Una **crónica** narra hechos verídicos en orden cronológico. El siguiente texto

trata sobre acontecimientos que aparecieron originalmente en la prensa colombiana. Más tarde, el autor las publicó en un libro.

Autor: **Gabriel García Márquez (1928)**
Escritor y periodista colombiano y premio Nobel de Literatura de 1982, es una figura clave en la literatura hispanoamericana. Escribe sobre la soledad, la solidaridad, el amor y los problemas político-sociales. Sus obras más conocidas son: *El coronel no tiene quien le escriba* (1961) y *Cien años de soledad* (1967). El texto que vas a leer es un fragmento de *Relato de un náufrago* (1968).

Prepárate para leer

Piensa que estás perdido en una embarcación en alta mar, ¿qué harías para sobrevivir por dos semanas?

Mira la ilustración y lee el título de la narración. ¿Por qué crees que está nadando la figura del dibujo? ¿Hacia dónde crees que va?

Una Resurrección en Tierra Extraña

Gabriel García Márquez

Sólo después de estar nadando desesperadamente durante quince minutos empecé a ver la tierra. Todavía estaba a más de un kilómetro. Pero no me cabía entonces la menor duda de que era la realidad y no un espejismo.° El sol doraba la copa de los cocoteros. No había luces en la costa. No había ningún pueblo, ninguna casa visible desde el mar. Pero era tierra firme.

Antes de veinte minutos estaba agotado, pero me sentía seguro de llegar. Nadaba con fe, tratando de no permitir que la emoción me hiciera perder los controles. He estado media vida en el agua, pero nunca como esa mañana del nueve de marzo había comprendido y apreciado la importancia de ser buen nadador. Sintiéndome cada vez con menos fuerza, seguí nadando hacia la costa. A medida que avanzaba veía más claramente el perfil de los cocoteros.

El sol había salido cuando creí que podría tocar fondo. Traté de hacerlo, pero aún había suficiente profundidad. Evidentemente, no me encontraba frente a una playa. El agua era honda° hasta muy cerca de la orilla, de manera que tendría que seguir nadando. No sé exactamente cuánto tiempo nadé. Sé que a medida que me acercaba a la costa el sol iba calentando sobre mi cabeza, pero ahora no me torturaba la piel sino que me estimulaba los músculos. En los primeros metros el agua helada me hizo pensar en los calambres.° Pero el cuerpo entró en calor rápidamente. Luego, el agua fue menos fría y yo nadaba fatigado, como entre nubes, pero con un ánimo y una fe que prevalecían sobre mi sed y mi hambre.

Veía perfectamente la espesa vegetación a la luz del tibio sol matinal, cuando busqué fondo por segunda vez. Allí estaba la tierra bajo mis zapatos. Es una sensación extraña esa de pisar la tierra después de diez días a la deriva° en el mar.

Sin embargo, bien pronto me di cuenta de que aún me faltaba lo peor. Estaba totalmente agotado. No podía sostenerme en pie. La ola de resaca° me empujaba con violencia hacia el interior. Tenía apretada entre los dientes la medalla de la Virgen del Carmen. La ropa, los zapatos de caucho, me pesaban terriblemente. Pero aún en esas tremendas circunstancias se tiene pudor.° Pensaba que dentro de breves momentos podría encontrarme con alguien. Así que seguí luchando contra las olas de resaca, sin quitarme la ropa, que me

espejismo: *ilusión óptica*   **honda:** *profunda*   **calambres:** *espasmos*
a la deriva: *sin rumbo*   **resaca:** *oleaje que lo aleja de la orilla*   **pudor:** *vergüenza*

impedía avanzar, a pesar de que sentía que estaba desmayándome a causa del agotamiento.

El agua me llegaba más arriba de la cintura. Con un esfuerzo desesperado logré llegar hasta cuando me llegaba a los muslos. Entonces decidí arrastrarme. Clavé en tierra las rodillas y las palmas de las manos y me impulsé hacia adelante. Pero fue inútil. Las olas me hacían retroceder.° La arena menuda y acerada me lastimó la herida de la rodilla. En ese momento yo sabía que estaba sangrando, pero no sentía dolor. Las yemas de mis dedos° estaban en carne viva. Aún sintiendo la dolorosa penetración de la arena entre las uñas clavé los dedos en la tierra y traté de arrastrarme. De pronto me asaltó otra vez el terror: la tierra, los cocoteros dorados bajo el sol, empezaron a moverse frente a mis ojos. Creí que estaba sobre arena movediza, que me estaba tragando la tierra.

Sin embargo, aquella impresión debió de ser una ilusión ocasionada por mi agotamiento. La idea de que estaba sobre arena movediza me infundió un ánimo desmedido° —el ánimo del terror— y dolorosamente, sin piedad por mis manos descarnadas, seguí arrastrándome contra las olas. Diez minutos después todos los padecimientos, el hambre y la sed de diez días, se habían encontrado atropelladamente en mi cuerpo. Me extendí, moribundo,° sobre la tierra dura y tibia, y estuve allí sin pensar en nada, sin dar gracias a nadie, sin alegrarme siquiera de haber alcanzado a fuerza de voluntad, de esperanza y de implacable deseo de vivir, un pedazo de playa silenciosa y desconocida.

retroceder: *ir hacia atrás*   **yemas de mis dedos:** *extremos de mis dedos*
desmedido: *excesivo*   **moribundo:** *casi muerto*

Después de leer

A. En parejas, contesten las siguientes preguntas.

   1. ¿Qué características del personaje lo ayudaron a sobrevivir?

   2. ¿Qué le dio ánimo al náufrago para llegar a la playa?

   3. ¿Cuál hecho te llamó más la atención en el relato?

   4. ¿Cómo reaccionó el náufrago al llegar a tierra firme?

B. Haz oraciones con las siguientes palabras: *espejismo, calambres, pudor y desmedido*.

Ampliación

En parejas, escriban lo que le pasa al personaje después de llegar a la playa.

Notas

En un poema los **signos de interrogación y de admiración**
señalan los cambios en el estado de ánimo y dan gran expresividad al texto.
En la siguiente poesía, "Cantar marinero", puedes observarlo.

Autora: **Julia de Burgos (1914–1953)**
Destacada escritora puertorriqueña cuya poesía canta al amor y al
dolor. Julia de Burgos luchó por los derechos de la mujer, por la
independencia de Puerto Rico y por los inmigrantes puertorriqueños
en Nueva York. Entre sus obras están *Poema en veinte surcos* (1938),
Canción de la verdad sencilla (1939), y *Antología poética* (1987). "Cantar
marinero" pertenece a *El mar y tú* (1954).

Prepárate para leer

El mar siempre ha inspirado a los poetas. Y a ti, ¿qué ideas te sugiere?
Según la ilustración y el título, ¿qué sentimientos o ideas crees que hay en
el poema?

Cantar marinero

Julia de Burgos

¡Una vela!
    ¡Una vela nadando en el mar!
¿Es el mar que ha salido a mirarme,
o es mi alma flotando en el mar?

    ¡Una ola en la vela!
¡Una ola en la vela del mar!
¿Es mi amor que se trepa en el viento,
o es tu vida en las alas del mar?

    ¡Una vela! ¡Una ola! ¡Dos sueños
entre el cielo y el pecho del mar!
¿Es que el sol se ha calzado° de espuma:
o es que somos los brazos del mar?

    ¡Una vela! ¡Una ola! ¡Un naufragio
en las blancas espaldas del mar!
No hay un puerto que pueda alojarnos°..
¡Remaremos el barco del mar!

se ha calzado: *se ha puesto zapatos*
alojarnos: *darnos refugio*

Después de leer

En parejas, contesten las siguientes preguntas.

1. ¿Por qué la poeta coloca signos de admiración e interrogación?
2. ¿Qué significa la vela para la autora? ¿Y la ola?
3. El poema habla de la relación entre dos personas que se aman, ¿en qué versos se habla de esto?
4. ¿Qué significa la frase "no hay un puerto que pueda alojarnos"?

Ampliación

Describe un día en la playa en uno o dos párrafos.

¡ADIVINA!

A veces vengo del cielo,
y otras veces de la tierra,
y hago grandes beneficios sin
distinción por doquiera.

El agua

51

Notas

Una **entrevista** es un género periodístico en el que se dan a conocer las opiniones e ideas de una persona por medio de preguntas y respuestas. En ella se debe mantener el lenguaje del entrevistado para dar una imagen exacta de éste.

Prepárate para leer

¿Qué actividades haces cuando vas a la playa? ¿Cuál es tu deporte acuático favorito? ¿Por qué?

Observa las fotos y el título de la entrevista, ¿qué cualidades crees que tiene Juan Ashton? ¿Qué preguntas le harías a un campeón de "surfing"?

Conversando con un campeón de Surfing

Entrevista a Juan Ashton

Luis A. González

En la playa Aviones de San Juan se celebraron las esperadas competiciones de "surfing"° del Primer Circuito Profesional de Puerto Rico (CPSP). Un total de noventa participantes en las categorías de "surfing" y "bodyboarding" estuvieron presentes en el campeonato del que salieron los diez mejores profesionales de la isla. Las condiciones fueron excelentes durante el fin de semana y, a pesar del cielo nublado, el tiempo estuvo casi perfecto.

En la ceremonia de entrega de trofeos,° celebrada en Coaches, todos los presentes pudieron disfrutar de la música de las bandas más populares de Puerto Rico. Después de las pruebas, conversamos con Juan Ashton, un joven campeón de "surfing" de Puerto Rico.

Luis: ¿A qué edad comenzaste a practicar este deporte?

Juan: Empecé a los trece años. Mi padre quería que yo jugara al tenis profesional, pero a mí no me interesaba mucho.

L: ¿Cuál fue tu primer evento profesional?

J: Mi primer evento profesional fue en Hawai en 1989, después de ganar el noveno lugar en los campeonatos mundiales de Aguadilla, en Puerto Rico.

L: ¿Cuál ha sido la competencia que más ha significado para ti?

J: La más importante para mí fue la de Barbados en 1989. Allí vencí a Kelly Slater, el entonces campeón mundial. Fue mi primera victoria en un campeonato. Había mucha gente que me respaldaba° y las olas estaban bien buenas.

L: ¿Cuáles son los mejores lugares para practicar "surfing"?

J: En San Juan, el mejor lugar es Aviones, una playa de olas muy constantes donde puedes ir a practicar "surfing" todos los días. En Arecibo, hay que ir a Machuka, donde hay olas muy largas. En el mundo, me gusta California, porque las olas son bien constantes en el verano. Hawai me gusta por sus olas cortas.

L: ¿Cuál es el momento más inolvidable de tu vida en el agua en Puerto Rico?

J: Fue hace tres años. Estaba "surfeando" y vino una ola de unos 8 a 10 pies por detrás y de 20 pies por delante. Estaba junto a otro compañero, Alex Alfaro. Él llegó a bajar una ola como de 15 pies de cara° en una tabla bien pequeña... Después de eso cogimos muchas olas buenas esa tarde, pero ésa fue la mejor.

"surfing": *tabla a vela*   **trofeos:** *premios*
respaldaba: *apoyaba*   **de cara:** *de frente*

L: ¿Tú crees que el talento puertorriqueño está en condiciones de desarrollarse?

J: Sí, no hay ningún problema para eso. En Puerto Rico hay olas de más para producir un campeón mundial.°

L: ¿Por qué crees que el deporte no se ha podido desarrollar un 100% aquí en Puerto Rico?

J: El problema es que los auspiciadores° puertorriqueños no se interesan en el "surfing". Se interesan en el baloncesto, el béisbol y el boxeo. Esos deportes son superpopulares, pero nosotros somos una isla, estamos rodeados de agua. Deberían auspiciar el "surfing", porque cuando hay una competencia mundial, viene mucha gente y las ganancias son increíbles. Las compañías puertorriqueñas no apoyan a la gente que tiene el potencial, ¡imagínate si hubiese un auspiciador puertorriqueño!

Publicado en el periódico puertorriqueño *Tiempos*

mundial: *del mundo*   **auspiciadores:** *patrocinadores*

Después de leer

A. En parejas, contesten las siguientes preguntas.

1. ¿Por qué la competencia de Barbados fue la más importante de la vida de Juan Ashton?

2. ¿Cómo son las olas en California? ¿Y en Hawai?

3. ¿Cuáles son los deportes más populares en Puerto Rico?

4. ¿Qué piensa Juan Ashton de los auspiciadores puertorriqueños?

5. ¿Por qué crees que se utiliza la palabra "surfing" en vez de tabla a vela?

B. Haz oraciones con las siguientes palabras: *tabla a vela, trofeos, respaldaba, mundial, ganancias y auspiciadores.*

Ampliación

Copia el siguiente cuadro en tu cuaderno. Utilízalo para entrevistar a un(a) amigo(a) que se haya destacado en alguna actividad. Presenta la entrevista a la clase.

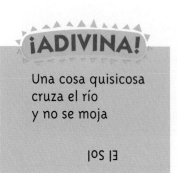

¡ADIVINA!

Una cosa quisicosa
cruza el río
y no se moja

El Sol

Nombre: _____

_____

Edad: _____

_____

Escuela: _____

_____

Actividad favorita: _____

_____

Campeonatos: _____

_____

Momento inolvidable: _____

_____

Consejo(s) para un(a) estudiante
que quiera seguir sus pasos: _____

_____

54

CAPÍTULO 6

EL TIEMPO

Las condiciones del tiempo influyen en nuestras vidas. Cada estación del año nos inspira un estado de ánimo diferente y determina las actividades que realizamos.

En el Caribe las estaciones no se diferencian mucho entre sí. Las épocas de lluvia y sequía son las que determinan los cambios de tiempo y el ritmo de las cosechas. Los cambios más bruscos se producen con las tormentas y los huracanes.

En este capítulo, leerás sobre un campesino que enfrenta una tormenta, encontrarás un retrato poético de la primavera y aprenderás a prepararte en caso de huracán.

Notas

El **narrador** es quien cuenta o narra una historia. Los narradores pueden clasificarse, en general, en dos categorías: los que participan en la historia utilizando la primera persona (yo) y los que no participan, usando la tercera persona (él o ella).

Autor: **Gregorio López y Fuentes (1897–1966)**

López y Fuentes procede de una familia de agricultores de Veracruz, México. Es un autor que se interesa por los temas relacionados con la vida rural e indígena de su país. Entre sus obras se destacan *Tierra* (1932) y *El Indio*, que obtuvo el Premio Nacional de Literatura en 1935. El relato siguiente pertenece a *Cuentos campesinos* (1940).

Prepárate para leer

¿Por qué crees que la gente escribe cartas?
Mira las ilustraciones y el título. ¿De qué crees que se trata el cuento?, ¿crees que va a ser divertido, o serio?, ¿por qué?

UNA CARTA A DIOS

Gregorio López y Fuentes

La casa —única en todo el valle— estaba en lo alto de un cerro bajo. Desde allí se veían el río y, junto al corral, el campo de maíz maduro con las flores del frijol que siempre prometían una buena cosecha.

Lo único que necesitaba la tierra era una lluvia, o a lo menos un fuerte aguacero. Durante la mañana, Lencho —que conocía muy bien el campo— no había hecho más que examinar el cielo hacia el noreste.

—Ahora sí que viene el agua, vieja.

Y la vieja que preparaba la comida, le respondió:

—Dios lo quiera.

Los muchachos más grandes trabajaban en el campo, mientras que los más pequeños jugaban cerca de la casa, hasta que la mujer les gritó a todos:

—Vengan a comer...

Fue durante la comida cuando, como lo había dicho Lencho, comenzaron a caer grandes gotas de lluvia. Por el noreste se veían avanzar grandes montañas de nubes. El aire estaba fresco y dulce.

El hombre salió a buscar algo en el corral solamente para darse el gusto de sentir la lluvia en el cuerpo, y al entrar exclamó:

—Estas no son gotas de agua que caen del cielo; son monedas nuevas: las gotas grandes son monedas de diez centavos y las gotas chicas son de cinco...

Y miraba con ojos satisfechos el campo de maíz maduro con las flores del frijol, todo cubierto por la transparente cortina de la lluvia. Pero, de pronto, comenzó a soplar un fuerte viento y con las gotas de agua comenzaron a caer granizos° muy grandes. Esos sí que parecían monedas de plata nueva. Los muchachos, exponiéndose a la lluvia, corrían a recoger las perlas heladas.

—Esto sí que está muy malo —exclamaba mortificado° el hombre— ojalá que pase pronto...

No pasó pronto. Durante una hora cayó el granizo sobre la casa, la

granizos: *lluvia helada*   **mortificado:** *desesperado*

57

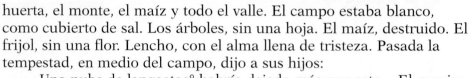

huerta, el monte, el maíz y todo el valle. El campo estaba blanco, como cubierto de sal. Los árboles, sin una hoja. El maíz, destruido. El frijol, sin una flor. Lencho, con el alma llena de tristeza. Pasada la tempestad, en medio del campo, dijo a sus hijos:

—Una nube de langostas° habría dejado más que esto... El granizo no ha dejado nada: no tendremos ni maíz ni frijoles este año...

La noche fue de lamentaciones:

—¡Todo nuestro trabajo, perdido!

—¡Y nadie que pueda ayudarnos!

—Este año pasaremos hambre...

Pero en el corazón de todos los que vivían en aquella casa solitaria en medio del valle, había una esperanza: la ayuda de Dios.

—No te aflijas tanto, aunque el mal es muy grande. ¡Recuerda que nadie se muere de hambre!

—Eso dicen: nadie se muere de hambre...

Y durante la noche, Lencho pensó mucho en su sola esperanza: la ayuda de Dios, cuyos ojos, según le habían explicado, lo miran todo, hasta lo que está en el fondo de las conciencias.

Lencho era un hombre rudo,° trabajando como una bestia en los campos, pero sin embargo sabía escribir. El domingo siguiente, con la luz del día, después de haberse fortificado en su idea de que hay alguien quien nos protege, empezó a escribir una carta que él mismo llevaría al pueblo para echarla al correo.

No era nada menos que una carta a Dios.

"Dios —escribió— si no me ayudas pasaré hambre con toda mi familia durante este año. Necesito cien pesos para volver a sembrar y vivir mientras viene la nueva cosecha, porque el granizo..."

Escribió "A Dios" en el sobre, metió la carta y, todavía preocupado, fue al pueblo. En la oficina de correos, le puso un sello a la carta y echó ésta en el buzón.

Un empleado, que era cartero y también ayudaba en la oficina de correos, llegó riéndose mucho ante su jefe, y le mostró la carta dirigida a Dios. Nunca en su existencia de cartero había conocido esa casa. El jefe de la oficina —gordo y amable— también empezó a reír, pero muy pronto se puso serio, y mientras daba golpecitos en la mesa con la carta, comentaba:

—¡La fe! ¡Ojalá que yo tuviera la fe del hombre que escribió esta carta! ¡Creer como él cree! ¡Esperar con la confianza con que él sabe esperar! ¡Empezar correspondencia con Dios!

Y, para no desilusionar a aquel tesoro de fe, descubierto por una carta que no podía ser entregada, el jefe de la oficina tuvo una idea: contestar la carta. Pero cuando la abrió, era evidente que para contestarla necesitaba algo más que buena voluntad, tinta y papel. Pero siguió con su determinación: pidió dinero a su empleado, él mismo dio parte de su sueldo, y varios amigos suyos tuvieron que darle algo "para una obra de caridad".

langostas: *insectos que destruyen las cosechas* **rudo:** *tosco*

Fue imposible para él reunir los cien pesos pedidos por Lencho, y sólo pudo enviar al campesino un poco más de la mitad. Puso los billetes en un sobre dirigido a Lencho y con ellos una carta que tenía sólo una palabra, como firma: DIOS.

Al siguiente domingo, Lencho llegó a preguntar, más temprano que de costumbre, si había alguna carta para él. Fue el mismo cartero quien le entregó la carta, mientras que el jefe, con la alegría de un hombre que ha hecho una buena acción, miraba por la puerta desde su oficina.

Lencho no mostró la menor sorpresa al ver los billetes —tanta era su seguridad— pero se enfadó al contar el dinero... ¡Dios no podía haberse equivocado, ni negar lo que Lencho le había pedido!

Inmediatamente, Lencho se acercó a la ventanilla para pedir papel y tinta. En la mesa para el público, empezó a escribir, arrugando mucho la frente a causa del trabajo que le daba expresar sus ideas. Al terminar, fue a pedir un sello, que mojó con la lengua y luego aseguró con un puñetazo.°

Tan pronto como la carta cayó al buzón, el jefe de correos fue a abrirla. Decía:

"Dios: del dinero que te pedí, sólo llegaron a mis manos sesenta pesos. Mándame el resto, como lo necesito mucho, pero no me lo mandes por la oficina de correos, porque los empleados son muy ladrones. —Lencho".

puñetazo: *golpe que se da con el puño*

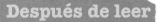
Después de leer

Contesta las siguientes preguntas.

1. ¿Dónde estaba situada la casa de Lencho?
2. ¿Qué necesitaba la tierra para producir la cosecha?
3. ¿Qué significaba la lluvia para Lencho?
4. ¿Cómo quedó el campo después de la tormenta?
5. ¿Qué efecto tendría la pérdida de la cosecha para Lencho y su familia?
6. ¿Cuál era la única esperanza?
7. ¿A quién le envió Lencho una carta? ¿Qué le pedía?
8. ¿Qué pensó el jefe de correos sobre Lencho?
9. ¿Por qué el jefe decidió contestar la carta?
10. ¿Qué le dijo Lencho a Dios después de recibir el dinero?

PROVERBIO

Nunca llueve a gusto de todos.

Ampliación

En parejas, escriban un final diferente para el cuento.

Notas

La **personificación** es un recurso que consiste en atribuirles cualidades humanas a los seres inanimados. Por ejemplo, "el cielo llora" para decir que "está lloviendo".

Autora: **Gabriela Mistral (1889-1957)**
Considerada como una de las poetas más importantes en la lengua española, Mistral obtuvo el premio Nobel de Literatura en 1945. En sus obras habla del amor, la vida cotidiana y los problemas de la mujer. Algunas de ellas son: *Desolación* (1922), *Tala* (1938) y *Recados contando a Chile* (1966). El poema seleccionado, "Doña Primavera", pertenece a su libro *Ternura* (1924).

Prepárate para leer

Piensa en las estaciones del año. ¿Cuál es para ti la más agradable? ¿Qué imágenes te sugiere?
Lee el título del poema y observa las ilustraciones.
¿Crees que el tono del poema es alegre, triste, ...?

Doña Primavera

Gabriela Mistral

Doña Primavera
viste que es primor,°
de blanco, tal como
limonero en flor.

Lleva por sandalias
unas anchas hojas,
y por caravanas°
unas fucsias° rojas.

Salid a encontrarla
por esos caminos.
¡Va loca de soles
y loca de trinos!

Doña Primavera,
de aliento fecundo,°
se ríe de todas
las penas del mundo...

No cree al que le habla
de las vidas ruines.°
¿Cómo va a entenderlas
entre sus jazmines?

¿Cómo va a entenderlas
junto de las fuentes
de espejos dorados
y cantos ardientes?

primor: *belleza*   **caravanas:** *aretes (en Uruguay)*   **fucsias:** *tipo de flor*
fecundo: *fértil*   **ruines:** *malas*

Después de leer

A. En parejas, contesten las siguientes preguntas.

  1. ¿Qué ejemplos de personificación hay?

  2. ¿Cómo se viste Doña Primavera?

  3. ¿Por qué se dice en el poema que Doña Primavera "se ríe de todas las penas del mundo"?

  4. ¿Qué significan los versos "No cree al que le habla de las vidas ruines"?

B. En parejas, hagan una oración con cada una de las siguientes palabras: *primor, penas, fecundo, ruines y trinos.*

Ampliación

Escribe un párrafo de ocho oraciones sobre una estación del año. Utiliza personificaciones.

Notas

Los **comunicados de prensa** son uno de los medios que utiliza el gobierno para alertar y preparar a la población en caso de emergencia. Tal es el caso del siguiente comunicado.

Prepárate para leer

Si de repente anunciaran un huracán, ¿cómo te prepararías para enfrentarlo?
Observa el título y la foto. ¿Qué tipo de información esperas leer?

QUÉ HACER FRENTE A UN HURACÁN

Recomendaciones de la Autoridad de Energía Eléctrica de Puerto Rico

1 Antes de un huracán

◆ Provéase de velas, linternas y radios operadas con pilas.

◆ Provéase de una estufa de gas o de otros medios alternativos para cocinar.

◆ Ponga su nevera a funcionar en el nivel de enfriamiento básico.

◆ Familiarícese con la caja de seguridad° y desconecte la electricidad, cuando sea necesario.

◆ Provéase de una reserva de agua potable.°

◆ Compre comestibles° que no sean perecederos.°

◆ Coloque cinta adhesiva en los cristales de las puertas y las ventanas.

2 Durante un huracán

◆ Tan pronto el viento cobre intensidad, desconecte la radio, la televisión y otros equipos eléctricos.

◆ Cuando se interrumpa la electricidad, coloque los interruptores en la posición de "OFF".

3 Después de un huracán

◆ Informe de cualquier avería° a la Oficina de la Autoridad de Energía Eléctrica más cercana.

◆ No trate de hacer reparaciones eléctricas usted mismo y, bajo ninguna circunstancia, entre en contacto con un equipo eléctrico mojado o pise sobre una superficie húmeda.

◆ Si su hogar sufre daños, no intente poner en funcionamiento un equipo eléctrico sin antes cerciorarse° bien de que los cables interiores y los de la toma exterior, estén en buenas condiciones.

◆ Mantenga la serenidad y siga las recomendaciones de la Defensa Civil.

caja de seguridad: *caja de circuito eléctrico*   **potable:** *que se puede tomar*
comestibles: *alimentos*   **sean perecederos:** *se echen a perder*   **avería:** *rotura*
cerciorarse: *asegurarse*

A. En parejas, copien el siguiente diagrama en sus cuadernos. Luego coloquen las siguientes recomendaciones en el espacio correspondiente.

1. No toque los cables rotos.

2. Compre alimentos enlatados.

3. Provéase de agua enbotellada.

4. Compre velas, linternas, fósforos y pilas.

5. Apague la radio, el televisor y otros aparatos eléctricos.

6. Informe de cualquier avería.

7. Coloque cinta adhesiva en los cristales.

8. No pise superficies mojadas.

Antes de un huracán

☐ ☐ ☐ ☐

Durante un huracán

☐ ☐ ☐ ☐

Después de un huracán

☐ ☐ ☐ ☐

B. Haz una oración con cada uno de los siguientes sustantivos: *caja de seguridad, agua potable, comestibles, toma exterior, y avería.*

Ampliación

En parejas, escriban las instrucciones a seguir en caso de incendio en la escuela.

PROVERBIO

A mal tiempo buena cara.

CAPÍTULO 7

LA ESCUELA

Cuando piensas en tu escuela probablemente lo asocias con levantarte temprano, con los exámenes... Pero si piensas un poquito más, te vendrán a la mente momentos especiales con un amigo o una amiga, una charla, un maestro o una maestra que te guió; un primer amor, un talento que no sabías que tenías. En fin, todos esos días, meses y años que pasamos en la escuela, nos educan, nos enriquecen y forman parte de nuestro bagaje cultural.

En este capítulo vas a leer sobre distintos aspectos relacionados con la escuela.

Jóvenes del Instituto Heliópolis, Sevilla, durante el recreo.

"Fonseca" es la canción de la Universidad de Santiago de Compostela, en España. Toma su nombre del antiguo Palacio de Fonseca que forma parte de esa institución.

Integrantes de una *tuna*, grupo musical universitario español.

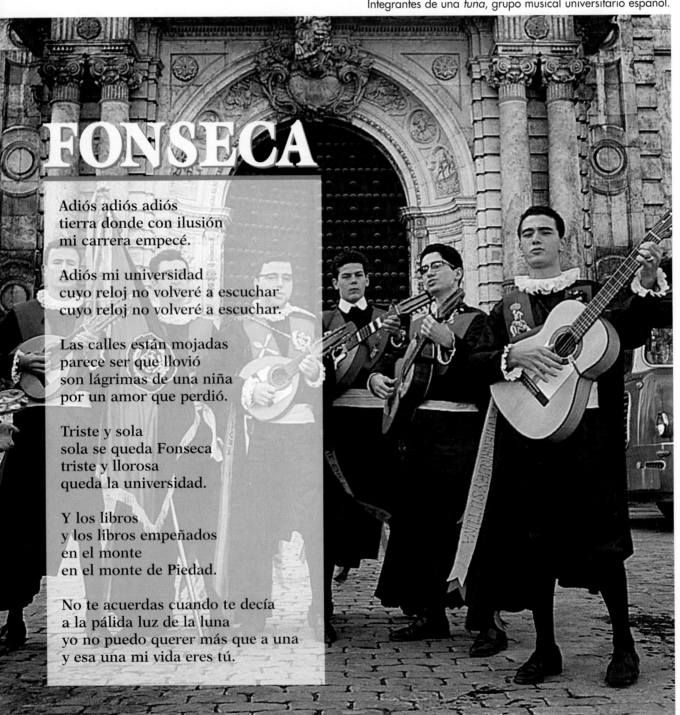

FONSECA

Adiós adiós adiós
tierra donde con ilusión
mi carrera empecé.

Adiós mi universidad
cuyo reloj no volveré a escuchar
cuyo reloj no volveré a escuchar.

Las calles están mojadas
parece ser que llovió
son lágrimas de una niña
por un amor que perdió.

Triste y sola
sola se queda Fonseca
triste y llorosa
queda la universidad.

Y los libros
y los libros empeñados
en el monte
en el monte de Piedad.

No te acuerdas cuando te decía
a la pálida luz de la luna
yo no puedo querer más que a una
y esa una mi vida eres tú.

Nota

El **humor** es un recurso que usan muchos escritores para describir situaciones. En la siguiente crónica de la vida cotidiana, el autor utiliza exageraciones para lograr un efecto humorístico.

Autor: **Daniel Samper Pizano (1945)**
Este escritor y periodista colombiano escribe sobre la vida diaria en la ciudad de Bogotá. Hay en día, a Samper Pizano se lo considera como el mejor humorista de su país. Ha publicado varios libros de crónicas, entre ellos: *Dejémonos de vainas* (1982), *Piedad con este pobre huérfano* (1984) y *No es porque sea mi hijo* (1992). El siguiente texto pertenece a *Llévate esos payasos* (1983).

Prepárate para leer

Cuando tienes dificultades para hacer la tarea, ¿a quién pides ayuda? Mira la ilustración y lee el título de la lectura. ¿Cuál crees que es el tema de la historia?

Cita

"El ver mucho y el leer mucho aviva el ingenio de los hombres".

Miguel de Cervantes
(Persiles y Segismundo)

CUADERNO DE TAREAS

Daniel Samper Pizano

Con el comienzo del año escolar los niños están dichosos° porque han vuelto a reunirse con sus amigos, andan estrenando° zapatos y por ahora no van perdiendo ninguna materia. Los papás, en cambio, ya no tenemos tranquilidad porque hemos empezado otra vez a hacer las tareas.

Como escribo en un periódico, he adquirido entre los amigos de mis hijos un injustificado prestigio de gramático. Ayer recibí una llamada de María Angélica a las 4 p.m., cuando la redacción° estaba en plena efervescencia.°

—Necesito —me dijo— cuatro palabras terminadas en el sufijo° aco. Son para un amigo al que le pusieron esta tarea y me pidió que tú le ayudaras. ¿Estás muy ocupado?

Le respondí que no: que había nuevo Presidente en Costa Rica, que un ejército argentino se estaba infiltrando en Nicaragua, que un avión acababa de explotar en el Guaviare, y que un incendio en Tokio había dejado 32 muertos.

—Pero no importa —agregué— . Nada de eso es más grave que una mala nota en castellano. Saca papel y lápiz que aquí van las cuatro palabras terminadas en el sufijo aco…

Pasaron unos segundos. Me sentí todo confundido. No se me ocurría ninguna. María Angélica silbaba al otro lado de la línea. "¿Lista?", pregunté por ganar tiempo. "Lista", contestó con un tonito medio exasperado.° Mi mente seguía en blanco. Hasta que de golpe llegó un aletazo de inspiración.

---

dichosos: *felices* **estrenando:** *usando por primera vez* **redacción:** *oficina donde se escriben las noticias de un periódico* **efervescencia:** *agitación* **sufijo:** *partícula que se coloca al final de una palabra y cambia su significado.* **exasperado:** *enojado*

—Panquiaco —le dije.

La escuché suspirar. "Panquiaco —me explicó— es nombre propio en lengua indígena. No tiene nada que ver con el sufijo aco. Ensaya otra vez".

Tragué un bolo de saliva. Pasaron otros segundos. María Angélica volvió a silbar.

—¡Ajiaco! —grité entusiasmado.

—Ajiaco termina en aco, pero no tiene el sufijo —observó— . Tienes que distinguir entre las letras a, co, o y la partícula aco, que significa "relacionado con o referente a".

—Ajiaco —balbuceé° de nuevo en un desfallecido° intento por defender mi orgullo— . Ajiaco significa "relacionado con o referente al ají". ¿Nunca has probado un ajiaco picante?

María Angélica fue comprensiva. Me dijo que entendía que yo estaba ocupado y que más bien la llamara después, cuando encontrara las cuatro palabras terminadas en el sufijo de la tarea. Yo convoqué a una reunión urgente de los mejores redactores. Asistió también el profesor Jorge Bonilla, una especie de Caro y Cuervo silencioso que revisa originales en "El Tiempo"°. Había empezado apenas a plantear el problema cuando entró a la oficina Enrique Santos Castillo, el editor del periódico, y chilló enardecido:° "El mundo se está acabando por culpa de los comunistas, el país en plena campaña electoral y ustedes aquí sentados tranquilamente". Le expliqué el motivo de la reunión. "¿Cuatro palabras? Eso es facilísimo", dijo ya aplacado. "Saque lápiz y anote".

Al cabo de tres minutos, y mientras todos lo mirábamos en compasivo silencio, a Santos se le ocurrió el "Panquiaco". Y transcurridos siete minutos, con la moral por el suelo, musitó el "ajiaco". Necesitamos más de una hora para que Germán Santamaría pronunciara la palabra "policiaco". Gritamos todos jubilosos, lo alzamos en hombros y llamé a María Angélica.

---

balbuceé: *dije con dificultad* **desfallecido:** *frustrado* **El Tiempo:** *periódico de Bogotá*
chilló enardecido: *gritó con energía*

—Policiaco —le dije en voz de triunfador— . Es decir, relacionado con o referente a la Policía.

—Ya sé —me contestó— . Ese fue el ejemplo que dio el profesor. Esa noche deliré en medio de brutales pesadillas. Los vecinos me oyeron pedir ayuda a Marco Fidel Suárez° y a don Andrés Bello.° Al fin, a las tres de la madrugada, desperté sobresaltado gritando "demoníaco".

Y una hora después volví a brincar° de la cama y escribí en la pared más próxima, antes de que se me olvidara, "eligíaco". Me faltaban dos. A las cuatro y media timbró el teléfono. Era el profesor Bonilla: "hipocondríaco". Y a las cinco y veinte Enrique Santos, quien tampoco había podido dormir, llamó y exclamó dichoso: "Bejuco".

—¿Cuál bejuco? —le pregunté extrañado.

—¿No querías palabras terminadas en uco?

Cuando le expliqué que no eran en uco, sino en aco, casi se pone a llorar y dijo que se estaba enloqueciendo, que le dolía la cabeza, que le iba a dar un paro cardíaco°, que qué despiste...

—Un momento —interrumpí— . La tienes: cardíaco. Están las cuatro.

Pero al despertar a María Angélica para darle la lista, me comentó con desgano° que su amigo había conseguido reunir ocho palabras terminadas en aco con la ayuda del portero del edificio. Ya no las necesitaba, gracias.

Marco Fidel Suárez: *escritor colombiano y político que escribió ensayos linguísticos*
Andrés Bello: *escritor venezolano famoso por su libro "Gramática castellana"*
brincar: *saltar*   **paro cardíaco:** *detención breve del corazón*   **desgano:** *indiferencia*

Después de leer

A. Relaciona las palabras de la columna A con los significados de la columna B.

A	B
1. sobresaltado	**a.** calmado
2. despiste	**b.** llamar a una reunión
3. aplacado	**c.** asustado
4. convocar	**d.** decir en voz baja
5. musitar	**e.** desorientación

B. En parejas, contesten las siguientes preguntas.

1. ¿Qué partes del texto parecen exageradas?

2. ¿Qué partes son cómicas?

3. ¿Quién es María Angélica?

4. ¿Crees que el autor se burla de sí mismo? ¿Por qué?

Ampliación

Escribe un párrafo donde cuentes una anécdota humorística de tu vida cotidiana con tu familia o amigos(as). Incluye palabras terminadas en *-ito(a)* y en *-ísimo(a)*.

Notas

El **tono** es la impresión o el sentimiento que produce un poema. Puede ser alegre, triste, monótono, melancólico, reflexivo, etc.

Autor: **Antonio Machado (1875-1939)**
Nació en Sevilla, España. Su poesía, trata de temas patrióticos y sentimentales. Sus obras más importantes son: *Soledades* (1903), *Campos de Castilla* (1912), *Nuevas canciones* (1924) y *Poesías completas* (1928/1933/1936). El poema "Recuerdo infantil", pertenece a *Soledades, galerías y otros poemas* (1907). Además de poesía, Machado escribió obras de teatro con su hermano Manuel y un libro en prosa, *Juan de Mairena* (1936).

Prepárate para leer

Piensa en los maestros que has tenido. ¿Cuál de ellos ha sido tu favorito? ¿Por qué?
Mira la ilustración y lee el título.
¿Cómo crees que es el maestro del poema?

Recuerdo infantil

Antonio Machado

Una tarde parda° y fría
de invierno. Los colegiales
estudian. Monotonía°
de lluvia tras los cristales.

Es la clase. En un cartel
se representa a Caín°
fugitivo, y muerto Abel°
junto a una mancha carmín.

Con timbre sonoro y hueco
truena el maestro, un anciano
mal vestido, enjuto° y seco,
que lleva un libro en la mano.

Y todo un coro infantil
va cantando la lección:
mil veces ciento, cien mil,
mil veces mil, un millón.

Una tarde parda y fría
de invierno. Los colegiales
estudian. Monotonía
de la lluvia en los cristales.

parda: *oscura*   **monotonía:** *repetición del sonido*   **Caín:** *personaje bíblico asesinado por su hermano*   **Abel:** *personaje bíblico que asesinó a su hermano*   **enjuto:** *delgado*

Después de leer

A. En parejas, contesten las siguientes preguntas.

1. ¿Cómo es la tarde descrita en el poema?
2. ¿En qué clase están los niños?
3. ¿Qué significa en el poema "cantar la lección"?
4. ¿Por qué crees que la clase es monótona?
5. ¿Cómo describe el poeta al maestro? ¿Por qué?
6. ¿Cómo es el tono del poema?

B. Busca las siguientes palabras en el glosario y haz una oración con cada una: *carmín, timbre, hueco y truena.*

Ampliación

Escribe un poema breve sobre un recuerdo especial de la escuela. Menciona la clase y al maestro o a la maestra.

Notas

Las **entrevistas de opinión**, se utilizan en el reportaje para explicar los detalles de un acontecimiento o problema. En el siguiente reportaje conoceremos las particularidades del tema a través de las opiniones de dos jóvenes.

Prepárate para leer

Piensa en la época de exámenes, ¿cómo te preparas para aprobarlos? Según el título y las fotos de la lectura, ¿de qué tipo de estudiantes crees que se habla en ella?

Asignatura pendiente

Julio Ros

De los estudiantes que empiezan el bachillerato° en España, más de la mitad abandona antes de conseguir el título, según se desprende de° un estudio realizado por el Centro de Investigación y Documentación Educativa. Y el 55 por ciento de los alumnos se deja al menos una asignatura para septiembre.°

Si el porcentaje de enseñanzas medias° es preocupante, el de los universitarios puede situarse en el límite del escándalo: el 60 por ciento no concluye la carrera y tres de cada cuatro suspenden° algo en junio.

Esto supone que durante el verano, además de sol, playa y monte, los libros se convierten en la principal compañía de varios cientos de miles de estudiantes.

bachillerato: *escuela secundaria*
se desprende de: *muestra*
deja una asignatura para septiembre: *hace el examen en septiembre en vez de en junio*
enseñanzas medias: *bachillerato*
suspenden: *no aprueban*

El objetivo ahora es aprobar en septiembre lo que se ha suspendido durante el curso.

Para ello, unos eligen quedarse en casa, bajar las persianas de las ventanas y clavar los codos en los apuntes. Otros toman diariamente el camino de la biblioteca, intentando contagiarse del ambiente de estudio que allí se respira. Algunos dirigen sus pasos a academias especializadas buscando conocimientos rápidos y efectivos. Y una minoría optará° por los internados de verano, colegios dirigidos a estudiantes de enseñanzas medias y que cada vez más son considerados como la mejor garantía para aprobar.

Si el estudio es la actividad por la que estos centros se han ganado el prestigio y el reconocimiento, no hay que olvidar que, además de aulas y profesores, disponen de verdaderos paraísos para hacer deporte. Desde piscinas, pistas de tenis y campos de baloncesto, balonmano o fútbol, hasta, en algunos casos, artes marciales, gimnasio o equitación.

Carlos García Cifuentes (18 años, 3º de Bachiller, interno en un colegio de verano): "Ésta es la mejor forma de aprobar el curso. No es lo mismo que estar en casa, pero se hacen buenos amigos, adquieres una disciplina de estudio, tienes más responsabilidades y aprendes a valerte por ti mismo. La imagen que se tiene de los internados no se corresponde con la realidad. Siempre se ve como un castigo, cuando, en realidad, es un privilegio. Si yo tuviera un hijo con problemas de estudio, intentaría animarle para que fuese a un internado. Te ayudan a estudiar más que en ningún otro sitio".

Marco Antonio Blázquez (18 años, 4º de Bachiller, interno en un colegio de verano): "Al principio la vida en un internado no es fácil. Resulta extraña la disciplina y los horarios, pero acabas acostumbrándote y te das cuenta de que todo es una rutina. Te sientes solo. Echas de menos a la familia. No estás con tus  amigos ni puedes salir cuando quieres. Hay unas normas más severas que las de una casa, pero te acostumbras y te parecen normales. Todo está pensado para aumentar el rendimiento académico. El objetivo es aprobar y para ello el internado pone todos los medios".

Publicado en la revista española
Cambio 16

optará: *elegirá*

Después de leer

En parejas, contesten las siguientes preguntas.

1. ¿Qué porcentaje de estudiantes abandona los estudios?
2. ¿Cuáles son las alternativas para pasar las asignaturas no aprobadas?
3. ¿Qué son los internados de verano?
4. ¿Cuáles son las ventajas de un internado de verano? ¿y las desventajas?

Ampliación

Escribe un párrafo sobre como aprobar todas las materias. Da cinco consejos.

CAPÍTULO 8

SALIDAS

Cuando salimos con nuestros amigos, aprendemos a relacionarnos con los demás, a enfrentar nuevas situaciones y a ser independientes.

En Hispanoamérica, como en otros sitios, los jóvenes suelen ir al cine, a conciertos y a fiestas los fines de semana.

En este capítulo conocerás cómo se divierten algunos jóvenes en España, lo que hacen dos chicas al salir de la escuela y cómo una jovencita vence su timidez en una fiesta.

Jóvenes patinando en el Parque de Chapultepec, Ciudad de México.

Notas

Una **retrospectiva** es la narración de un suceso pasado, que se intercala en un relato en presente. En *Paula*, Isabel Allende relata a su hija, los recuerdos de su vida en retrospectiva.

Autora: **Isabel Allende (1942)**
La trayectoria literaria de esta escritora y periodista chilena comenzó en 1982 con su novela *La casa de los espíritus*. Sus obras hablan del exilio, de los problemas políticos en América Latina y del amor, entre otros. Ha publicado además *Eva Luna* (1987), *Cuentos de Eva Luna* (1990), y *De amor y de sombra* (1984). El fragmento que presentamos a continuación pertenece a *Paula* (1994).

Prepárate para leer

En una fiesta, ¿prefieres bailar o conversar? ¿Por qué?
Mira las ilustraciones, ¿qué clase de fiesta crees que es?

Paula

Isabel Allende

"...yo estaba segura que ningún muchacho en su sano juicio me invitaría a bailar y era difícil imaginar una humillación más grave que planchar° en una fiesta. En esa ocasión mi padrastro me obligó a asistir porque, según dijo, si no vencía° mis complejos nunca tendría éxito° en la vida. La tarde anterior a la fiesta cerró el Consulado y se dedicó a enseñarme a bailar. Con

planchar: *que no te inviten a bailar* **vencía:** *dominaba* **éxito:** *triunfo*

irreductible tenacidad° me hizo mover los huesos al ritmo de la
música, primero apoyada en el respaldo de una silla, luego con una
escoba y por último con él. En esas horas aprendí desde charlestón
hasta samba, después me secó las lágrimas y me llevó a comprar un
vestido. Al dejarme en la fiesta me dio un consejo inolvidable, que he
aplicado en los momentos cruciales de mi vida: piensa que los demás
tienen más miedo que tú. Agregó que no me sentara ni por un
instante, me quedara de pie cerca del tocadisco y no comiera nada,
porque los muchachos necesitaban mucho valor para cruzar el salón
y acercarse a una niña anclada como una fragata en una silla y con
un plato de torta en la mano. Además, los pocos chicos que saben
bailar son los que cambian la música, por eso conviene permanecer
cerca de los discos. A la entrada de la Embajada, una fortaleza de
cemento en el peor estilo de los años cincuenta, había una jaula con
unos pajarracos negros que hablaban inglés con acento de Jamaica.
Me recibió la Embajadora —vestida de almirante y con un silbato°
colgado al cuello para dar instrucciones a los invitados— y nos
condujo a un salón monumental donde se hallaba una multitud de
adolescentes altos y feos, con las caras llenas de espinillas, que
masticaban chicle, comían papas fritas y bebían Coca-cola. Los
chicos vestían chaquetas a cuadros y corbatines de mariposa, las
muchachas usaban faldas en forma de plato y chalecos de lana
angora que dejaban el aire lleno de pelos (…) Todos estaban en
calcetines. Me sentí completamente ajena, mi vestido era un
esperpento de tafetán y terciopelo y no conocía a nadie. Aterrada, me
dediqué a darle migas de torta a los pájaros negros hasta que recordé
las instrucciones del tío Ramón y, temblando, me quité los zapatos y
me acerqué al tocadiscos. Pronto vi una mano masculina estirada en
mi dirección y, sin poder creer tamaña buena suerte, salí a bailar una
melodía azucarada con un muchacho con frenillos en los dientes y los
pies planos, que no tenía ni la mitad de la gracia de mi padrastro. Se
bailaba con las mejillas pegadas —"cheek-to-cheek" creo que se
llamaba— pero ésa era una proeza imposible para mí, porque mi cara
por lo general alcanza al esternón° de cualquier hombre normal y en
esa fiesta, cuando apenas tenía catorce años y además estaba sin
zapatos, llegaba al ombligo de mi compañero. A esa canción siguió
un disco completo de rock'n roll, del cual el tío Ramón no había oído
ni hablar, pero me bastó observar a los demás por unos minutos y
poner en práctica lo aprendido la tarde anterior. Por una vez sirvieron
de algo mi escaso tamaño y mis articulaciones° sueltas, sin ninguna

irreductible tenacidad: *con mucha insistencia*
un silbido **esternón:** *hueso situado en el pecho*   **silbato:** *instrumento que suena como*
articulaciones: *unión de huesos*

dificultad mis compañeros de baile me lanzaban hacia el techo, me daban una voltereta de acróbata en el aire y me recogían a ras de suelo, justo cuando iba a partirme la nuca°. Me encontré dando saltos ornamentales, alzada, arrastrada, vapuleada° y sacudida por diversos jóvenes, que a esas alturas se habían quitado las chaquetas a cuadros y las corbatas de mariposa. No puedo quejarme, esa noche no planché, como tanto temía, sino que bailé hasta que me salieron ampollas en los pies y así adquirí la certeza° de que conocer hombres no es tan difícil, después de todo, y que seguramente no me quedaría solterona..."

nuca: *base de la cabeza*   **vapuleada:** *zarandeada de un lado a otro*
adquirí la certeza: *comprendí*

Después de leer

A. En parejas, escojan la respuesta correcta.

1. La frase "esperpento de tafetán y terciopelo" significa:

a. un vestido elegante

b. un vestido horrible

2. La frase "momentos cruciales" significa:

a. momentos muy importantes

b. cruzar de un sitio a otro

B. Relaciona las palabras de la columna A con las de la columna B.

A	**B**
1. aterrada	**a.** acción valiente
2. almirante	**b.** barco
3. proeza	**c.** capitán
4. fragata	**d.** aterrorizada

C. En grupos, contesten las siguientes preguntas.

1. ¿Por qué el padrastro obligó a la protagonista a ir a la fiesta?

2. ¿Qué consejo le dio el padrastro a la protagonista?

3. ¿Crees que los jóvenes de hoy se comportan como los del relato? ¿Por qué?

4. ¿Cómo es la protagonista?

5. ¿Qué tipo de música tocaron en la fiesta?

Ampliación

Escribe un párrafo acerca de una reunión con tus amigos o parientes en la que te divertiste más de lo que pensabas. Incluye una descripción de lo que pasó y de cómo te sentiste.

Notas

Una **imagen** es la descripción de un objeto, persona o situación a través de detalles que pueden visualizarse. Por ejemplo, "el sol se ponía detrás de un monte dorado". En el siguiente poema la autora describe, mediante imágenes, escenas de su pasado.

Autora: **Sandra Cisneros (1954)**

Nació en Chicago, hija de madre chicana y padre mexicano. Cisneros es una de las escritoras de origen hispano más reconocidas en Estados Unidos por sus cuentos y su poesía. A partir de su experiencia personal, describe la vida de los chicanos, en especial de la mujer. Entre sus obras se encuentran *The House on Mango Street* (1983) y *Woman Hollering Creek* (1991). "Buenos Hot Dogs" aparece en *My Wicked, Wicked Ways* (1987).

Prepárate para leer

Piensa en una tarde en que sales a comer con tus amigos. ¿adónde vas? Lee el título y mira las ilustraciones, ¿qué imágenes o sensaciones te sugiere?

Buenos Hot Dogs

Sandra Cisneros

Cincuenta centavos cada uno
Para comer nuestro lonche
Corríamos
Derecho desde la escuela
En vez de a casa
Dos cuadras
Después la tienda
Que olía a vapor
Tú pedías
Porque tenías el dinero
Dos hot dogs y dos refrescos para comer aquí
Los hot dogs con todo
Menos pepinos
Echa esos hot dogs
En sus panes y salpícalos
Con todas esas cosas buenas
Mostaza amarilla y cebollas
Y papas fritas amontonadas encima
Envueltos en papel de cera
Para llevarlos calientitos
En las manos
Monedas encima del mostrador
Siéntate
Buenos hot dogs
Comíamos
Rápido hasta que no quedaba nada
Menos sal y semillas de amapola hasta
Las puntitas quemadas
De las papas fritas
Comíamos
Tú canturreando
Y yo columpiando mis piernas

Good Hot Dogs
Fifty cents apiece
To eat our lunch
We'd run
Straight from school
Instead of home
Two blocks
Then the store
That smelled like steam
You ordered
Because you had the money
Two hot dogs and two pops for here
Everything on the hot dogs
Except pickle lily
Dash those hot dogs
Into buns and splash on
All that good stuff
Yellow mustard and onions
And french fries piled on top all
Rolled up in a piece of wax
Paper for us to hold hot
In our hands
Quarters on the counter
Sit down
Good hot dogs
We'd eat
Fast till there was nothing left
But salt and poppy seeds even
The little burnt tips
Of french fries
We'd eat
You humming
And me swinging my legs

Después de leer

A. En parejas, contesten las siguientes preguntas.

1. ¿A quiénes se refiere el poema? ¿Cuántos años crees que tienen?
2. ¿Por qué crees que comían *hot dogs* en vez de ir a comer a sus casas?
3. ¿Cómo es el tono del poema: alegre, triste, o nostálgico?
4. ¿Qué imágenes hay en el poema?
5. ¿En qué idioma te gusta más el poema? ¿Por qué?

Ampliación

Escribe sobre momentos especiales que compartes con una amiga o un amigo.

PROVERBIO

Dime con quien andas y te diré quién eres.

81

Notas

La **entrada**, o primer párrafo es la parte más importante de un reportaje pues debe captar la atención del lector. En el siguiente reportaje se utilizan metáforas e imágenes que crean suspenso y atraen la curiosidad.

Prepárate para leer

¿Cuál de las atracciones de un parque de diversiones crees que es la más divertida?

Lee el título y mira las fotos. ¿Qué clase de atracciones crees que ofrece Port Aventura?

PORT AVENTURA

Javier Martín

Es el segundo parque más grande de Europa, pero es único en diversión. Treinta atracciones de vértigo, 16 actuaciones callejeras y ocho espectáculos originales esperan a los visitantes que podrán sumergirse en los misterios de los países más exóticos del mundo.

La vagoneta sube lastimosamente despacio. Estamos en la cresta del Dragón. Un periodista británico se ha colocado un marcapasos° en el pecho; parece la caja negra de un avión siniestrado. Todos nos imaginamos lo peor: nadie ríe, nadie se mueve ni siquiera habla. El esqueleto rojo del Dragón Khan comienza a descender por un abismoooooaoaoaaahhhhhhh.

marcapasos: *aparato que regula los latidos del corazón*

Sesenta segundos después un amable chino me sacó del asiento y me dijo: "La salida es por allí". Entonces abrí los ojos. La tortura había terminado, pero ya daba igual estar muerto que vivo. De hecho, no sabía dónde estaba mi cuerpo. No sentía las piernas. Los dientes seguían castañeteando° y hasta era difícil vocalizar "huyamos" porque los labios, como los demás músculos, tiritaban.

¿Qué había pasado en esos 60 segundos? La vagoneta con sus 28 viajeros se despeñó° desde 45 metros de altura y alcanzó una velocidad de 110 km/h. El peso del viajero se redujo a la mitad, pero cuando décimas de segundos después la vagoneta se hundió medio metro por debajo del suelo, el peso del mismo cuerpo se había multiplicado por tres. Los 28 supervivientes encaramos° a tal velocidad el primer rizo° de 360 grados que hubiéramos podido ir boca abajo sin sujeción y no nos hubiéramos despegado del asiento. Después de ese rizo, llegaron siete más —récord mundial—, unos horizontales y otros verticales, que trajinaban el estómago de la garganta a los pies y de los pies a la garganta, como un yoyó; después vino un tirabuzón° y un sacacorchos que retorció el estómago de derecha a izquierda y de izquierda a derecha para completar la faena.

Para soñar, los españoles eligen otras partes del mundo: Polinesia, China, México, y los pueblos por donde imponía su ley Billy *El Niño*, en el *Far West*. Esos cuatro idílicos viajes se reproducen en Port Aventura. Un equipo de 25 arquitectos viajó a esas zonas del mundo para copiar —o comprar— edificios,

ropa, gastronomía, folclor y hasta vegetación.

En Port Aventura se reproduce una quinta zona del mundo: el Mediterráneo, representado por las calas° de Cadaqués, en la Costa Brava. Una rambla° junto al mar lleva al público hacia el Puente de los Tres Destinos. Por la derecha se va a la estación, donde un tren de la *Union*

El Dragón Khan de Port Aventura

Pacific nos pone en cinco minutos en el *Far West* de hace un siglo; a la izquierda, el embarcadero°, con juncos° que comunican con la China de hace 3.000 años. Si elegimos el *trekking*, en dos pasos nos topamos° con la Polinesia. Estamos en 1779 y el capitán Cook es el único blanco que ha pasado por aquí antes que nosotros.

Ante la amenazante visión del Dragón Khan es mejor esconderse en el Teatro Mágico Jing-Chou. Allí hay un espectáculo de luz negra y de magia de ilusión, aunque la ilusión es una constante en el parque. Si la entrada al

---

castañeteando: *chocando*   **despeñó:** *cayó*
encaramos: *enfrentamos*   **rizo:** *vuelta*
tirabuzón: *en forma de espiral*

calas: *pequeñas bahías*   **rambla:** *paseo*
embarcadero: *muelle*   **juncos:** *tipo de plantas*
topamos: *encontramos*

teatro era por China, la salida nos da de bruces° con la pirámide de Chichén Itzá, 2.000 años más adelante y en México.

El Chac Mool vuela. El platillo da vueltas oblicuamente y las tacitas que están sobre él giran a su antojo. En este caso los conejillos de Indias son alumnos de un instituto de Reus. Tienen entre 14 y 16 años y prefieren la velocidad sinuosa del Yucatán al Chac o a la Serpiente Emplumada.

Por mil pesetas, en La Cantina hay guacamole con nachos, burritos y enchiladas de pollo y encima te tocan "Ay Jalisco no te rajes". El comedor es una plaza de pueblo, de noche, con juerga a tope —como el aire acondicionado—. Será por Los Mariachis de Jalisco o será por el guacamole, pero el medio millar de

comensales corea todo lo que puede del repertorio.

La zona del *Far West* es la más amplia, la que concentra más y mejores atracciones, y más juego de pago. Por la Calle Mayor suena "La muerte tenía un precio". En la galería de tiro el personal disfruta disparando al médico, al abogado, al banquero o al periodista. Por cien pesetas te das un gusto.

En el corral de atrás hay rodeo y allí se va el público al que aún le quedan fuerzas. El resto opta por cruzar la calle hasta la *Penitence Station*. Un tren nos alejará de forajidos a sueldo, de mayas y aztecas, de torturas chinas y de las danzas tahitianas, y nos devolverá al Mediterráneo; a nuestro pueblo y a nuestro siglo ¡Sanos y salvos!

Publicado en el diario español *El País*

da de bruces: casi nos *chocamos*

Después de leer

A. En parejas, contesten las siguientes preguntas.

1. ¿Qué es el Dragón Khan ¿Cuánto dura la vuelta?
2. ¿Qué países están representados en este parque?
3. ¿Qué es el Chac Mool de Port Aventura?
4. ¿Qué se puede comer en La Cantina?
5. ¿Qué cosas hay en la zona del *Far West*?

B. Completa las siguientes oraciones usando: *tiritar, cresta, vagoneta,* y *siniestrado,* según corresponda.

1. Nos sentamos en la _____ (parte más alta) de la montaña rusa.
2. En el aeropuerto había un avión _____(dañado).
3. Los chicos se montaron en la última _____(vagón pequeño) de la montaña rusa.
4. Sentí que los labios _____(temblaban) por el miedo.

Ampliación

Escribe una breve descripción de un lugar donde vas con tus amigos. Incluye una entrada que llame la atención.

REFRÁN

El que a buen árbol se arrima, buena sombra lo cobija

CAPÍTULO 9

COMUNICACIÓN

Para integrarse a una sociedad, las comunidades de emigrantes necesitan dar a conocer sus problemas y particularidades. Los hispanos, con sus puntos de vista diferentes, su acento particular y su tono propio, han enriquecido el panorama informativo y cultural de Estados Unidos. En las películas de Hollywood es cada vez más común ver rostros de actores y actrices hispanas, y la producción de programas televisivos en español crece rápidamente en los estudios de Miami. ¿Pero es posible comunicarse completamente con los demás cuando el idioma que aprendimos de nuestros padres es diferente? Preguntas como estas son el tema del capítulo siguiente, en el que varios escritores reflexionan sobre los medios de comunicación.

Juan Luis Guerra es uno de los compositores e intérpretes más populares de música caribeña. Junto a su Grupo *4:40* ha renovado el merengue y la bachata, ritmos tradicionales de la República Dominicana. En sus canciones Guerra refleja los problemas de su país. La siguiente canción "El costo de la vida", está escrita como un boletín de noticias.

El costo de la VIDA

Letra: (versión) Juan Luis Guerra
Música: D. Dibla

El costo de la vida sube otra vez
el peso que baja ya ni se ve
y las habichuelas no se pueden comer
ni una libra de arroz ni una cuarta de café
a nadie le importa qué piensa usted
será porque aquí no hablamos inglés
ah ah es verdad (repite)
do you understand?
do you, do you?

Y la gasolina sube otra vez
el peso que baja ya ni se ve
y la democracia no puede crecer
si la corrupción juega ajedrez
a nadie le importa qué piensa usted
será porque aquí no hablamos francés
ah ah vouz parlez? (repite)
ah ah, non monsieur

Somos un agujero en medio del mar
y el cielo
500 años después
una raza encendida
negra, blanca y taína
pero, ¿quién descubrió a quién?
um es verdad (repite)

¡Ay! y el costo de la vida
pa'rriba tu ves
y el peso que baja
pobre ni se ve
y la medicina
camina al revés
aquí no se cura
ni un callo en el pie
ai-qui-i-qui-i-qui
ai-qui-i-qui-e
y ahora el desempleo
me mordió también
a nadie le importa,
pues no hablamos inglés
ni a la mitsubishi
ni a la chevrolet

Notas

En una **columna crítica** el autor expone sus opiniones utilizando un estilo breve, ágil y conciso. En el siguiente texto, el autor critica los medios de comunicación.

Autor: **Juan José Millás (1946)**

Nació en Valencia y pertenece a la nueva generación de escritores españoles. Desde la aparición de su primera novela, *Cerbero son las sombras* (1974) ha sido reconocido con importantes premios (Nadal, 1990). Sus novelas incluyen entre otras: *Visión de ahogado* (1977) y *La soledad era esto* (1990). Su libro *Papel mojado* (1983) forma parte de una edición para jóvenes. Juan José Millás colabora además en periódicos y revistas. "Ficción" fue publicado en el diario español *El País* en 1995.

Prepárate para leer

¿Crees que es importante estar informado de lo que sucede en el mundo?, ¿por qué? Mira la ilustración y lee el título, ¿qué visión de los medios de comunicación crees que vas a encontrar en el siguiente texto?

FICCIÓN

Juan José Millás

*C*omo el mundo no se entera de lo que te pasa a ti, procuras enterarte de lo que le pasa al mundo. Así, cada mañana te despierta la radio y entre sueños retomas el argumento° de la vida en el punto donde se detuvo ayer. Luego, en el coche, escuchas el primer informativo, que

retomas el argumento: *vuelves al tema*

complementarás con la lectura de la prensa. La cruenta° realidad internacional, las miserias de la vida nacional, los acontecimientos culturales, la cartelera° cinematográfica, todo, en fin, lo dominas como dominas una novela que has leído cien veces y por cuyo interior te puedes aventurar a ciegas como por el pasillo de tu casa. Además, todavía te quedan dos informativos en televisión y acabas de comprar la revista semanal, que te ofrecen un poco más de los mismo pero con fotos en color. Excepto en las tramas° secundarias, con frecuencia imprevisibles,° la realidad se comporta como una novela por entregas:° siempre se suspende en el punto más alto, cuando en la cama te narcotizas° con las últimas noticias. Manejas, pues, la realidad como si de la ficción se tratara. La reunificación de las dos Alemanias, el hambre en Etiopía, la muerte en Sudáfrica, etcétera, forman los hilos de un argumento que te apasiona, pero que a lo mejor no te concierne porque su evolución no depende de ti. Tu realidad real, la que de verdad puede hacerte feliz o desdichado, es mucho más cercana, más doméstica, y se puede medir en estabilidad económica y cantidades de amor.

Ahora estás empezando el día y un 25% de tu alma está ocupada ya por la publicidad y por las noticias. Esta noche, cuando te acuestes, toda tu vida personal se habrá borrado, diluida en la ficción de acontecimientos externos cuyo conocimiento no te habrá hecho mejor. Aunque tal vez, mientras se te cierran los ojos escuchando el último informativo, puedas pensar unos segundos en ti mismo o en quienes te rodean, y adviertas, como en una revelación, que el precio de saber todo lo que le pasa al mundo es el de no saber lo que te pasa a ti.

cruenta: *cruel*   **cartelera:** *programación*   **tramas:** *temas*   **imprevisibles:** *que no se pueden predecir*   **por entregas:** *por episodios*   **narcotizas:** *anestesias*

Después de leer

Contesta las siguientes preguntas.

1. En la lectura se mencionan la radio, los diarios, las revistas y la televisión. ¿Qué diferencias hay entre estos medios de información?

2. ¿Por qué dice el autor que las noticias narcotizan?

3. ¿Por qué crees que el autor escogió ese título?

4. ¿Crees que es cierto que para saber lo que pasa en el mundo hay que olvidarse de uno mismo?

Ampliación

En parejas, escriban una columna dando su opinión sobre un programa de televisión.

¡ADIVINA!

¿Qué es lo que vemos
pero no nos ve,
que nos habla
pero no le hablamos?

El televisor

Notas

Los versos libres son versos de un poema que no riman ni se ajustan a una medida fija. En "Aprender el inglés" puedes observar este tipo de versos.

Autor: **Luis Alberto Ambroggio (1945)**

Ambroggio nació en Córdoba, Argentina y vive en Virginia, Estados Unidos. Entre sus obras publicadas están *Hombre del aire* (1992) y *Oda ensimismada* (1994) y *Poemas desterrados* (1955). "Aprender el inglés" pertenece a su libro *Poemas de amor y vida* (1987).

Prepárate para leer

¿Hablas en tu casa otro idioma que no sea el inglés?, ¿cuál?

Lee el título y mira la ilustración, ¿cómo crees que se siente el poeta ante el idioma inglés?

Aprender el inglés

Luis Alberto Ambroggio

Vida
para entenderme
tienes que saber español
sentirlo en la sangre de tu alma.

Si hablo otro lenguaje
y uso palabras distintas
para expresar sentimientos que nunca cambiarán
no sé
si seguiré siendo
la misma persona.

Después de leer

En parejas, contesten las siguientes preguntas.

1. ¿Qué diferencias y semejanzas hay entre las palabras "idioma" y "lenguaje"?
2. ¿Por qué dice el poeta que para entenderlo a él hay que saber español?
3. ¿A qué se refiere cuando dice "vida"?
4. ¿Crees que este poema habla de un problema superficial o íntimo? ¿Qué frases utiliza el autor para ello?

Ampliación

Haz una entrevista a alguien que haya emigrado a Estados Unidos sin saber inglés. Pregúntale cómo aprendió el idioma y qué anécdotas recuerda de esa etapa. Cuenta a la clase el resultado de la entrevista.

¡ADIVINA!

Habla y no tiene boca,
oye y no tiene oído,
es chiquito y mete ruido,
muchas veces se equivoca

El teléfono

Notas

En una **entrevista de personalidad**, el entrevistado muestra
sus características sicológicas. El periodista hace un retrato breve de la
persona entrevistada y deja que sea ella la que muestre su propia imagen
a través de sus opiniones. En la entrevista siguiente el periodista dice que
"hace mutis por el foro", que es una expresión tomada del teatro, para
expresar que se marcha para dejarnos a solas con la entrevistada.

Prepárate para leer

¿Qué actores hispanos conoces?, ¿qué papeles hicieron?
Mira el título y los subtítulos, ¿qué le preguntarías a un actor
o actiz de cine?

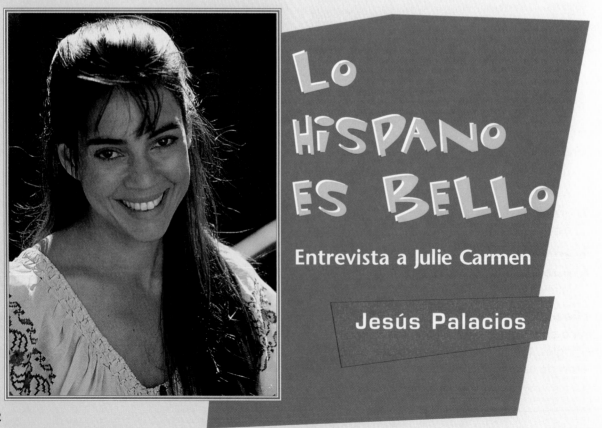

Lo Hispano es Bello

Entrevista a Julie Carmen

Jesús Palacios

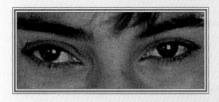

Pocas veces tiene uno la suerte de conocer a alguien cuyo encanto sea tan contagioso, como para hacerte olvidar la barrera invisible que separa al entrevistador del entrevistado. Hablar con Julie Carmen es dejarse llevar por su humor, su inteligencia y su pasión, por un torrente de amor a su trabajo que te arrastra y te deja mudo. Mejor que sea ella misma quien lo diga todo. Un servidor hace mutis por el foro dejando todo el protagonismo a la bella actriz neoyorquina de origen hispano.

ROBERT REDFORD

Trabajar con él era facilísimo, porque también es actor. Me dio mi papel favorito, en *Rebelión en Milagro*, el de mujer de la tierra°. Admiro a las actrices como Anna Magnani, que lloraba con las lágrimas de la tierra. Después de eso voy a ver a Robert a menudo, a Sundance, y siempre me dice que tiene que buscarme algo. Es muy difícil encontrar un personaje de mujer hispana que no sea negativo. Cuando hay grandes papeles, como los personajes de Isabel Allende, se los dan a Meryl Streep o a Glenn Close... No es que esté amargada por ello. No me interesa la fama sino los buenos personajes. Los grandes estudios te inflan el ego y luego no es fácil volver a la realidad. No creo que los actores ganen nada creyendo que son el centro del mundo, el trabajo del actor es, como decía Bertolt Brecht, ser espejo de la sociedad. Naturalmente, para conseguir buenos papeles hay que hacer proyectos comerciales. Hay que hacer algo para la bolsa y algo para el corazón.

MUNDO LATINO

En Broadway hice *Zoot Suit*, con Edward James Olmos. Los actores latinos nos sentimos todos muy próximos. Hay 30 millones de latinos en Estados Unidos, pero pocos personajes buenos para los actores hispanos, y eso nos hace estar muy unidos. Estamos tratando de abrir las puertas. La situación ha mejorado un poco, sobre todo para los hombres. Cada año, en marzo, el *Hollywood Reporter* publica la lista de los 100 actores más cotizados, y una minilista de actores hispanos en la

mujer de la tierra: *campesina*

que hay 100 hombres y solo tres mujeres. Rubén Blades, Jimmy Smits, Edward James Olmos, Esai Morales, Cheech Marin, Lorenzo Lamas, Robert Rodríguez, John Leguizamo y el más cotizado, Andy García. Las mujeres somos Rosie Pérez, Trini Alvarado y yo. Y yo creo que estoy porque el año pasado hice mucho ruido en Cannes como presidenta de *Women's on Films* y del Independent Film Project. También he trabajado en México y en Curaçao, pero siempre en películas americanas. Con Raúl Juliá y Armand Assante hice *El penitente*, que jamás se llegó a estrenar, y la última vez que vi a Raúl, estaba ya muy enfermo, pálido y gris, y flaco, flaco, me dijo: "Ay, Julia. Después de hacerme tan famoso con *La familia Addams*, ahora que el público me conoce, mi mejor trabajo, que es en *El penitente*, nadie lo ha visto". Fue muy triste.

BONITA

Ahora estoy enamorada de un guión sobre una chica mexicana, que se llamaba Bonita y que vivió en California en 1850, en la época en que los emigrantes europeos les arrebataron la tierra a los mexicanos y a los indios. Es una especie de western y el personaje es..., bueno, no quiero contar nada más, porque a lo mejor la filmamos y prefiero que la vean.

Publicado en la revista española *Fotogramas*

Después de leer

En parejas, contesten las siguientes preguntas.

1. ¿Por qué crees que el periodista ha eliminado las preguntas de la entrevista?
2. ¿Qué características de la entrevistada se ven en esta entrevista?
3. ¿Crees que Julie Carmen es vanidosa?, ¿por qué?
4. Si fueras un actor o una actriz, ¿qué papeles te gustaría interpretar?, ¿por qué?

Ampliación

En grupos, escriban descripciones de varios actores hispanos. Sin mencionar los nombres.

¡ADIVINA!

Hablo sin que tenga lengua,
canto sin tener garganta,
tan sólo conque me rasquen
con una aguja en la panza.

El disco fonográfico

CAPÍTULO 10

DE COMPRAS

Ir de compras es para mucha gente una distracción. Las tiendas de las grandes ciudades como Nueva York y Los Ángeles, nos ponen el mundo al alcance de la vista, pues a ellas llegan desde productos de los lugares más recónditos hasta las últimas invenciones de la tecnología.

Muchas veces salimos a comprar una cosa y regresamos con otra, porque las tiendas despiertan la curiosidad y la imaginación. Las cosas que compramos encierran interesantes historias que muchas veces desconocemos, como las que descubrirás en este capítulo.

Notas

El **protagonista** es el personaje principal de una obra. Alrededor de él o ella se desarrolla la acción y giran los personajes secundarios.

Autora: **Guadalupe Loaeza**

Escritora y periodista mexicana. En su obra Loaeza trata con humor las costumbres de la sociedad mexicana poniendo énfasis en las mujeres. Ha publicado, entre otros libros, *Las niñas bien* (1987), *Las reinas de Polanco* (1988) y *Obsesiones* (1994). El cuento que presentamos aparece en *Compro, luego existo* (1992).

Prepárate para leer

¿Cuál es tu lugar favorito para ir de compras? ¿Eres buen(a) comprador(a)? ¿Por qué?

Mira las ilustraciones y lee el título. ¿De qué crees que trata la lectura?

Un weekend en Valle

Guadalupe Loaeza

A Sofía le encantaba ir al mercado de Valle vestida con sus huipiles° guatemaltecos todos bordados a mano. Por lo general los combinaba con faldas de algodón largas hasta el tobillo. A lo largo de muchos años, se había hecho de una colección muy original de cinturones, collares y rebozos.°

Sofía era de las que dejaban la mercancía apartada durante meses. No iba a buscarla hasta que de las tiendas le hablaban por teléfono con insistencia.

A veces nada más dejaba como depósito el diez por ciento del costo, con tal de asegurarse su compra. En una ocasión descubrió en una boutique de Valle un viejo huipil precioso que venía de Michoacán. Lo apartó con un cheque de $200.000 (N$°200), sobre $1.500.000

huipiles: *blusas o túnicas de Guatemala y México*   **rebozos:** *capas o chales*   **N$:** nuevo peso mexicano

96

(N\$1.500) que costaba. Pasaron muchos meses y Sofía se olvidó por completo del huipil. Una tarde su hija entró a la misma boutique y lo vio. "Sabes, mamá, hoy vi un huipil ¡de pelos!, igualito a los que te gustan. ¿Quieres que pregunte cuánto cuesta?", inquirió Ita. Por la noche le comunicó que el huipil estaba apartado y que no lo podían vender. Al otro día, Sofía fue a la tienda y allí la atendió una vendedora nueva. "Ayer vino mi hija y vio un huipil precioso, pero le dijeron que estaba apartado. ¿Podría verlo por favor?" Se lo mostraron, pero Sofía era tan olvidadiza y distraída que no lo reconoció. Lo miró. Le encantó.

—Ay, señorita, ¿seguro que está apartado?

—Mire, aquí en el papelito dice "apartado".

—Pero, ¿usted cree que van a venir por él?

—No sé, señora. Yo creo que lo más seguro es que sí.

—¿Por qué no le habla por teléfono a la persona para cerciorarse?

—No sé cómo se llama. Si quiere, pase usted mañana y le pregunto al dueño.

Veinticuatro horas después, se presentó Sofía.

—Dice el señor que la persona del huipil no dejó teléfono. Que es una señora que se llama Sofía no sé qué, que tiene casa en Valle de Bravo y que lo apartó con un cheque.

—Ay, señorita, yo también me llamo Sofía y tengo casa en Valle. ¿No se acuerda cómo se apellida? ¿Por qué no ve su nombre en el cheque, a lo mejor hasta la conozco?

Muy obediente, la empleada abrió un cajón del escritorio, y entre muchos papeles y recibos que estaban en el interior de una caja de latón, sacó el cheque del Banco del Atlántico. Cuando Sofía identificó el rasgo de su firma, no lo podía creer.

—Ay, señorita, qué pena, pero fíjese que ese cheque es mío. Híjole, yo fui la que aparté el huipil y ya ni me acordaba, ¿usted cree?

No, la señorita no lo podía creer. Mirándola con absoluta desconfianza, le preguntó:

—¿Cómo sé que es usted?

En esos momentos Sofía no llevaba la chequera, ni licencia, ni otro documento que la identificara.

—Ay, señorita, ¿por qué la engañaría? Si quiere le reproduzco la firma.

Pero la empleada parecía no creerle.

—Mejor venga mañana y hable con el señor.

Al día siguiente, Sofía regresó con su chequera y su licencia (vencida). Cuando salió de la tienda, estaba feliz; nada más había hecho otro cheque por $1.300.000 (N$1.300). De alguna manera sentía que se había ahorrado doscientos mil pesos. Ésta era una de las anécdotas predilectas de Sofía. Cada vez que podía, la contaba muerta de risa...

Después de leer

A. En parejas, contesten las siguientes preguntas.

   1. ¿Quién es la protagonista del relato?, ¿cómo la describirías?

   2. ¿Quiénes son los personajes secundarios?

   3. ¿Cómo es la empleada?

   4. ¿Cuáles son las partes más divertidas del relato?

B. Relaciona las palabras de la columna A con las de la columna B.

A	B
1. mercancía	**a.** asegurarse
2. olvidadiza	**b.** separada
3. inquirió	**c.** riéndose mucho
4. cerciorarse	**d.** productos
5. apartada	**e.** preguntó
6. muerta de risa	**f.** desmemoriada

Ampliación

Escribe un párrafo sobre la parte del relato que más te gustó.

Notas

La **anáfora** es una figura literaria que consiste en la repetición de una palabra o frase en dos o más oraciones o versos. Por ejemplo: ya viene el cortejo,/ ya viene el cortejo,/ ya se oyen los claros clarines…

Prepárate para leer

Cuando sales de compras, ¿cuánto tiempo te lleva escoger lo que vas a comprar?, ¿por qué?
Según el título y la ilustración, ¿cómo crees que se siente la niña cuando sale de compras?

La niña sale de
COMPRAS

Luis Cané

La niña sale de compras,
de compras sale la niña;
porque ella sale de compras,
se pone más lindo el día.

Las calles de Buenos Aires
la esperan en las esquinas
y la saludan al paso
con impacientes bocinas,°
mientras muelen° con el freno,°
su lentitud, los tranvías.

Ella va de tienda en tienda,
—(¿Qué busca? ¿Qué necesita?)—
pregunta el precio de todo,
y envuelve en francas sonrisas
al hortera° que le ofrece
ocasiones° en almíbar.

bocinas: *claxones* **muelen:** *aprietan* **freno:** *dispositivo para detener la velocidad de una máquina* **hortera:** *vendedor* **ocasiones:* *rebajas*

Revuelve todas las tiendas
confunde las mercancías,
y al azar de su capricho
toda la ciudad se agita,
tiembla el comercio y la industria
y el tráfico se complica.

A la hora del regreso
por el cansancio rendida
la niña vuelve de compras
con medio metro de cinta

Autor: **Luis Cané (1897–1957)**
Nació en Mercedes, Argentina. Cané escribió para las más
importantes revistas y diarios argentinos y obtuvo numerosos
premios literarios. Entre sus obras se encuentran *La felicidad*
(1924), el *Romancero del Río de la Plata* (1936) y la *Puerta de la
tierra* (1967). "La Niña sale de compras" pertenece a *Romancero
de las niñas* (1932).

Después de leer

Contesta las siguientes preguntas.

1. ¿Qué reacciones provoca la niña en su salida?

2. ¿Qué te sugiere la frase "impacientes bocinas"?

3. ¿Qué quiere decir "muelen con el freno, su lentitud, los tranvías"?

4. ¿Qué hace la niña cuando sale de compras?

5. ¿Qué crees que significa "el hortera que le ofrece ocasiones en almíbar"?

6. ¿En cuáles versos se puede encontrar una anáfora?

Ampliación

En parejas, escriban un poema de ocho versos sobre un día en que salen
de compras. Repitan una frase en dos o más versos.

REFRÁN

Comprar,
cualquiera
compra; lo
importante es
saber comprar

Notas

La **actualidad** es un elemento clave en un artículo. Este debe tratar sobre hechos recientes. En el siguiente artículo, el autor pone al día un tema histórico con datos provenientes de una investigación.

Prepárate para leer

¿Cuál es tu marca de jeans favorita?, ¿por qué?

Mira la foto y lee el título. ¿Qué tipo de información sobre los jeans esperas encontrar en el siguiente artículo?

¿Sabías que en Estados Unidos se venden más de 630 millones de jeans° cada año? ¡Qué buenos genes tienen! ¿Por qué? Por su herencia de casi 150 años, y porque siguen "vivos", sin extinguir su raza. Ricos, pobres, artistas e intelectuales los llevan con orgullo y siguen siendo los más vendidos en el mundo. Los primeros jeans que salieron al mercado fueron los Levi's, en 1850. Su creador, Levi Strauss, un buscador de oro alemán de veinte años de edad, necesitaba un pantalón resistente. En Francia, el chico consiguió la tela que necesitaba: una lona° bien fuerte, que tiñó° con los azules índigos que acababan de salir del mercado. Rápidamente se hicieron populares..., era lo que todos estaban esperando.

jeans: *vaqueros, mahones*   **lona:** *tela resistente de algodon*   **tiñó:** *cambió de color*

Los marinos genoveses° fueron los primeros en ponerlos de moda, cruzándolos a América. Como en Estados Unidos les era difícil pronunciar "genoveses", fueron acortando la palabra a "jeans", y así quedaron bautizados.

En ese tiempo, los bolsillos eran más anchos para resistir el peso del oro que iban recogiendo. Pero los remaches de cobre para que no se oxiden, y las puntadas de los bolsillos traseros en forma de alas de águila (emblema alemán), continúan respetándose en el diseño Levi's actual.

Publicado en la revista *Tú Internacional*

genoveses: *de Génova, Italia*

Después de leer

A. Contesta las siguientes preguntas.

    1. ¿Cómo surgieron los jeans?

    2. ¿Cuál es el origen de su nombre?

    3. ¿Qué datos utiliza el periodista para actualizar el tema?

B. Haz una oración con cada una de las palabras glosadas.

Ampliación

En parejas, diseñen el anuncio para una nueva marca de jeans. Incluyan el nombre de la marca, el precio y una frase original para resaltar sus cualidades.

PROVERBIO

Quien no sabe abrir los ojos al comprar tendrá que abrir el bolso al pagar

CAPÍTULO 11

ESTUDIAR EN OTRO PAÍS

Una manera de conocer bien un país es visitarlo en un viaje de estudios. Estudiando en el extranjero se aprende sobre otras culturas y se pone a prueba la capacidad de adaptación a lo nuevo. En este capítulo conocerás a una chica que toma un examen de admisión en un idioma extranjero, a una poeta uruguaya que viaja con su imaginación y a un grupo de jóvenes que va hasta el fin del mundo. Ahora, prepara tus maletas para este viaje literario. No olvides echar en ellas mucha curiosidad y fantasía.

Jóvenes en los Andes, Perú.

La siguiente canción habla de las bellezas y riquezas naturales de América del Sur y de la hermandad de sus pueblos. Su mensaje llegó al corazón de la gente que la convirtió en un himno continental.

CANCIÓN CON TODOS

**Armando Tejada Gómez
y César Isella**

Salgo a caminar
por la cintura cósmica del sur.
Piso en la región
más vegetal del viento y de la luz.

Siento al caminar
toda la piel de América en mi piel,
y anda en mi sangre un río
que libera en mi voz su caudal.

Sol de alto Perú
rostro Bolivia, estaño° y soledad;
un verde Brasil
besa a mi Chile cobre y mineral.

Subo desde el sur
hacia la entraña° América y total,
pura raíz de un grito
destinado a crecer y estallar°.

Todas las voces todas,
Todas las manos todas,
Toda la sangre puede
ser canción en el viento.
Canta conmigo canta,
hermano americano;
Libera tu esperanza,
con un grito en la voz.

estaño: *metal*
entraña: *interior*
estallar: *explotar*

Nota

El **guión** o las **comillas** se utilizan en una narración cuando queremos citar textualmente las palabras de un personaje. De ese modo, se puede diferenciar claramente cuándo habla el narrador y cuándo habla el personaje.

Autora: **Esmeralda Santiago (1948)**
Esta escritora nació en Puerto Rico y siendo niña emigró a Nueva York con su familia. Se educó en Estados Unidos donde es conocida por sus artículos y principalmente por su novela *Cuando era puertorriqueña* (1993), que narra las experiencias de su niñez. De este libro hemos seleccionado los fragmentos que presentamos en este capítulo.

Prepárate para leer

Si tuvieras que pasar una prueba de selección para entrar en un equipo o club de tu escuela, ¿qué harías para no ponerte nervioso(a)?
Mira la ilustracion, ¿qué crees que ocurre en el relato?

Cuando era puertorriqueña

Esmeralda Santiago

Tres mujeres estaban sentadas detrás de una mesa larga en un salón donde los pupitres° habían sido empujados contra las paredes. Al entrar, mantuve mi frente alta y sonreí, floté hacia el asiento en frente de ellas, puse mis manos en mi falda y sonreí otra vez.

— Buenos días —dijo la señora alta con pelo color de arena. Era huesuda y sólida, con ojos intensamente azules, una boca generosa y manos suaves con uñas cortas. Estaba vestida en tintes° pardos de la cabeza a los pies, sin maquillaje y sin joyas, menos la cadena de oro que amarraba° sus lentes sobre un pecho amplio. Su voz era profunda, modulada, cada palabra pronunciada como si la estuviera inventando.

A su lado estaba una mujercita con tacos altísimos. Su cabello corto formaba una corona alrededor de su cara, la pollina° cepillando las puntas de sus pestañas falsas. Sus ojos oscuros vestían una línea negra a su alrededor, y su boca pequeña parecía haber sido dibujada y luego pintada en rojo vivo. Su cara dorada por el sol me miró con la inocente curiosidad de un bebé listo. Estaba vestida de negro, con muchas cadenas alrededor del cuello, pantallas° colgando hasta los hombros, varias pulseras y sortijas de piedras en varios colores en cuatro dedos de cada mano.

La tercera mujer era alta, delgada, pero bien formada. Su cabello negro estaba peinado contra su casco en un moño en la nuca. Su cara angular atrapaba la luz, y sus ojos, como los de un cervato, eran inteligentes y curiosos. Su nariz era derecha, sus labios llenos pintados un color de rosa un poco más vivo que su color natural. Puños de seda verde se veían bajo las mangas de su chaqueta color vino. Aretes de diamante guiñaban desde los lóbulos de orejas perfectamente formadas.

pupitres: *escritorios*   **tintes:** *colores*   **amarraba:** *ataba*   **pollina:** *flequillo*
pantallas: *aretes*

Yo había soñado con este momento durante varias semanas. Más que nada, quería impresionar al jurado con mi talento para que me aceptaran en Performing Arts High School y para poder salir de Brooklyn todos los días, y un día nunca volver.

Pero en cuanto me enfrenté con estas tres mujeres bien cuidadas, se me olvidó el inglés que había aprendido y las lecciones que Missis Johnson me había inculcado° sobre cómo portarme como una dama. En la agonía de contestar sus preguntas incomprensibles, puyaba° mis manos hacia aquí y hacia allá, formando palabras con mis dedos porque no me salían por la boca.

— ¿Por qué no nos dejas oír tu soliloquio° ahora? —preguntó la señora de los lentes colgantes.

Me paré como asustada, y mi silla cayó patas arriba como a tres pies de donde yo estaba parada. La fui a buscar, deseando con toda mi alma que un relámpago entrara por la ventana y me hiciera cenizas allí mismo.

— No te aflijas —dijo la señora— . Sabemos que estás nerviosa.

Cerré los ojos y respiré profundamente, caminé al centro del salón y empecé mi soliloquio.

— Llu bilón tú é tayp dats beri cómo in dis contri Missis Felps. É tayp of selfcente red self pí tí in són de baurin taygrés huid on menshonabol proclibétis on de sayd.

A pesar de las instrucciones de Mister Gatti de hablar lentamente y pronunciar bien las palabras aunque no las entendiera recité mi monólogo de tres minutos en un minuto sin respirar ni una vez.

Las pestañas falsas de la señora bajita parecían haber crecido de sorpresa. La cara serena de la señora elegante temblaba con risa controlada. La señora alta vestida de pardo me dio una sonrisa dulce.

— Gracias, querida. ¿Puedes esperar afuera un ratito?[...]

inculcado: *enseñado*   **puyaba:** *apretaba*   **soliloquio:** *monólogo*

Diez años después de mi graduación de Performing Arts High School, volví a visitar la escuela. Estaba viviendo en Boston, como estudiante becada° en la Universidad de Harvard. La señora alta y elegante de mi prueba se había convertido en mi mentora durante mis tres años en la escuela. Después de mi graduación, se había casado con el principal° de la escuela.

— Me acuerdo del día de tu prueba —me dijo, su cara angular soñadora, sus labios jugando con una sonrisa que todavía parecía tener que controlar.

Me había olvidado de la niña flaca y trigueña con el pelo rizado, el vestido de lana y las manos inquietas. Pero ella no. Me dijo que el jurado tuvo que pedirme que esperara afuera para poder reírse, ya que les parecía tan cómico ver a aquella chica puertorriqueña de catorce años chapurreando un soliloquio acerca de una suegra posesiva durante el cambio de siglo, las palabras incomprensibles porque pasaban tan rápido.

— Admiramos el valor necesario para pararte al frente de nosotras y hacer lo que hiciste.

— ¿Quiere decir que me aceptaron en la escuela no porque tenía talento, sino porque era atrevida?

Nos reímos juntas.

becada: *que disfruta de una beca*   **principal:** *director*

Después de leer

A. Relaciona las palabras de la columna A con los significados de la columna B.

A	B
1. puño	**a.** pronunciar mal las palabras
2. atrapar	**b.** que tiene muchos ángulos
3. angular	**c.** capturar
4. chapurrear	**d.** extremo de la manga de una camisa

PROVERBIO

Lo que bien se aprende nunca se olvida

B. Responde a las siguientes preguntas.

1. ¿Cómo se siente la protagonista al entrar al examen?

2. ¿Por qué quería la chica que la aceptaran en esa escuela?

3. ¿Porqué piensas que la aceptaron a pesar de no saber inglés?

4. ¿Crees que el esfuerzo de presentarse al examen valió la pena?, ¿porqué?

Ampliación

En parejas, hagan una lista de las cosas que harían para prepararse y controlar los nervios en un examen.

Notas

La **rima** es la repetición de los mismos sonidos, al final de dos o más versos, después de la última vocal acentuada. Es un recurso que le da musicalidad al poema. Por ejemplo: ¡Pobre rey de los raros amores!/ Como nadie sintió sus dolores,/ Como nadie sufrió sus desvelos,/ le inventaron un mal los doctores.

Autora: **Juana de Ibarbourou (1895–1979)**
Esta escritora uruguaya fue llamada "Juana de América" por la pureza de sus poemas. Sus versos son luminosos, cálidos y apasionados. Entre sus obras se destacan: *Las seis lenguas de diamante* (1918), *La rosa de los vientos* (1930), *Romances del destino* (1944), *Oro y Tormenta* (1956) y *La pasajera* (1968). El poema que presentamos ha sido publicado en ediciones póstumas.

Prepárate para leer

Si pudieras hacer un viaje, ¿adónde irías? ¿por qué?
Mira la ilustración, ¿qué elementos esperas encontrar en un poema llamado "Ansia"?

ANSIA

Juana de Ibarbourou
Soy hija de llanos. Nunca vi montañas.
Hace pocos años que conozco el mar
Y vivo soñando con raros países
Y vivo acosada° del ansia° de andar.

¡Tanto que tenemos luego que estar quietos,
Tanto que más tarde hay que reposar°,
Y desperdiciamos la hora presente,
Y nos contentamos sólo con soñar!

acosada: *perseguida*   **ansia:** *deseo*   **reposar:** *descansar*

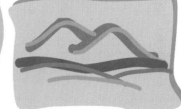

109

¡Ay, los caminitos en ásperas cuestas,
Serpentinas claras sobre las montañas!
¿No han de hollarlos° nunca mis pies andariegos?
¿No he de ir yo nunca por tierras extrañas?

¿Nunca mis palabras, hartas de llanuras,
Han de mirar cerca las cumbres soñadas?
¿Qué es lo que me guardan los dioses herméticos?
¿Qué, en mi canastilla,° pusieron las hadas?

¡Ay, noche de insomnio, de agrio descontento,
De interrogaciones vanas° e impacientes!
¡A veces parece que tañen campanas
Y a veces, Dios mío, que silban serpientes!

hollarlos: *pisar dejando huellas*   **canastilla:** *cesta de mimbre*
vanas: *inútiles*

Después de leer

A. Relaciona las palabras de la columna A con las de la columna B.

A	**B**
1. acosada	**a.** impenetrable
2. agrio	**b.** mujeres con poderes mágicos
3. tañen	**c.** perseguida
4. andariegos	**d.** parte superior de una montaña
5. cumbre	**e.** deseo
6. hermético	**f.** de sabor ácido
7. hadas	**g.** que caminan mucho
8. ansia	**h.** tocar

B. En parejas, contesten las siguientes preguntas.

1. ¿Cuál es el deseo principal de la autora?

2. ¿Qué sinónimos de "ansia" conoces?

3. ¿Qué significa la frase "cumbres soñadas"?

4. ¿Qué sentimientos expresan las frases "tañen campanas" y "silban serpientes"? ¿Son ellos opuestos o similares?

5. ¿Qué versos riman en el poema?

6. ¿Se te ocurre un título diferente para el poema? ¿Cuál?

Ampliación

Escribe un párrafo describiendo un viaje que te gustaría hacer. Incluye una descripción real o imaginaria del lugar y de cómo te sientes allí.

Notas

El **estilo directo** se utiliza para dar mucha información en poco espacio; por eso es típico del periodismo. En él la sintaxis o estructura de las oraciones es simple y el vocabulario se compone de palabras de uso común.

Prepárate para leer

¿Qué cambios en tu vida trae el invierno? ¿Crees que podrías vivir en un lugar muy frío?
Mira la fotografía y lee el título. ¿Qué información esperas encontrar en este artículo?, ¿por qué?

LOS CHICOS DEL FIN DEL MUNDO

MARTHA WIERZBICKI POSSE

Base Esperanza° del ejército. Allí viven 60 hombres, mujeres y chicos durante 360 días. ¿Cómo juegan y estudian esos chicos? ¿Qué piensan, qué sienten, qué quieren? Gente° compartió con ellos sus días, sus noches, su soledad, su nostalgia. Pero también su alegría.

— Chicos, nos vamos a vivir a la Antártida.°
— ¿Adónde?

La sorpresa fue general. Andrea Gómez (16) miró a su madre, Amalia, y a su hermana Claudia (21), con quienes compartía la cena. Su padre, el suboficial mayor del Ejército, Manuel Gómez, les dio la insólita° noticia, y tres meses después, una nueva vida empezó para ellos.

Base Esperanza: *estación científica argentina argentina* **Antártida:** *región en el Polo Sur*   **Gente:** *nombre de una revista* **insólita:** *increíble*

▲ Los chicos se encargan de "bautizar" a Gente con una lluvia de nieve.

Los Gómez son parte de la Dotación 94, compuesta por 32 hombres, 8 mujeres y 20 chicos que hasta febrero del 95 van a vivir en la Base Esperanza del ejército argentino, en el noroeste de la península de Trinidad.

Los misterios de la Antártida son infinitos: paisaje casi extraterrestre, gigantes nevados, glaciares que flotan sobre el mar semicongelado como solitarios planetas y apenas 23 casas anaranjadas (simplemente puntos) que hacen aún más alucinante° la soledad. Eso, golpeado por brutales temperaturas: de 0 a 10 grados centígrados bajo cero en pleno verano, y hasta 35 grados centígrados bajo cero en invierno.

A los chicos que viven ahí no parece impresionarles el frío, y se ríen a carcajadas al ver a los recién llegados: "Se pusieron tanta ropa —bromean— que caminan como Robocop".

Ya dentro de la escuela —que sirve de patio, comedor, gimnasio y aula de secundaria—, Andrea comenta: "La noche en que papá nos dijo que veníamos acá por un año, yo no quise saber nada. Estaba acostumbrada a salir los sábados con mis amigas y hablar por teléfono todo el día. Me costó mucho adaptarme, pero ahora estoy contenta. Jugamos a la guerra de nieve y estudiamos. Tenemos exámenes en julio y diciembre. Acá somos pocos y nos conocemos. Hay que estudiar mucho, porque a cada rato nuestros padres se cruzan con la profesora".

Para Mariana Forster (10) —hija del mayor Víctor Forster, jefe de la base—, que corre esta aventura con su madre y sus tres hermanos, vivir aquí es diferente: "Todos los chicos tendrían que venir a la Antártida, que también es la Argentina. Lo que más me

alucinante: *fascinante*

▲ Esperanza es la única base donde viven familias.

gusta es jugar con los pingüinos. Yo tengo uno que se llama Pelusa. Hace una semana se fue con su mamá, pero en el verano va a volver. Espero que se acuerde de mí...", dice, y no disimula una lágrima.

La Antártida es la zona más ventosa del planeta: soplan vientos de hasta 350 kilómetros por hora. Sin embargo, todos dicen que el frío más crudo es la soledad. Los chicos del fin del mundo lo sienten a su manera: "Durante los temporales° no podemos salir durante semanas. Te acordás° de todas las personas que querés°. Ustedes vienen por un día, pero piensen que hasta enero no volvemos a ver a tanta gente como ahora", confiesa Andrea Paz (16), mientras su hermano Diego (9), con su pícara sonrisa y un mechón rebelde que asoma bajo la capucha° de su anorak,° dice: "Me encanta cuando vienen las encomiendas,° porque mis abuelos me mandan juguetitos de videogame".

Para toda la dotación, la principal expectativa es el próximo mundial de fútbol, pero no sólo el de Estados Unidos 94: "Ahora estamos ayudando a nuestros padres a entrenarse, porque dentro de cuatro meses

temporales: *tormentas*   **acordás:** *acuerdas*
querés: *quieres*

capucha: *gorro*   **anorak:** *chaquetón impermeable*
encomiendas: *paquetes qué se mandan por correo*

vamos a jugar el mundial de fútbol entre todas las bases extranjeras de la Antártida. Seguro que ganamos, porque mi papá juega muy bien", promete César Medina (10).

Mientras ellos se entretienen deslizándose con sus trineos o haciendo muñecos de nieve, sus padres siguen con su duro trabajo: reconocimientos de nuevas rutas y estudios científicos de sismos y mareas. Las madres, aparte de las tareas domésticas, ayudan en las oficinas, la escuela, la capilla y el sanatorio, además de tomar clases diarias de gimnasia aeróbica.

La comida de todos los días la consiguen en el casino de oficiales, pero los domingos cocinan ellas.

A pesar de todo, los chicos de la Antártida son felices: aman el paisaje, los animales, la aventura de lo desconocido. Sin embargo, algo les falta: "Durante el día jugamos, estudiamos, y este lugar nos gusta, pero muchas noches lloramos al pensar en lo lejos que estamos de la gente que queremos". Enseguida, un ruego: "¿Conoces chicos que nos quieran escribir? Nos gusta mucho recibir cartas...".

¿Los oyó? Entonces, no pierda tiempo. Después de todo, no es más que una cuestión de lápiz y papel. Y —por supuesto— de amor.

Publicado en la revista argentina *Gente*

Después de leer

Responde a las siguientes preguntas.

1. ¿Qué es la "Dotación 94?"

2. ¿Cómo son el paisaje y el clima de la Antártida?

3. ¿En qué se parece y en qué se diferencia la escuela de la Base Esperanza de la tuya?

4. ¿Cuáles son las actividades de los chicos(as) en la Antártida?

5. ¿Por qué se sienten solos(as)?

6. ¿Es Argentina el único país que tiene bases en la Antártida?

7. ¿Qué cosas hacen felices a los chicos(as) de la Base Esperanza?

Ampliación

En parejas, imagínense que tienen la oportunidad de pasar un año en la Antártida. ¿Qué llevarían y qué contribución harían para ayudar a los otros chicos(as) a entretenerse?

CAPÍTULO 12

VIVIR EN OTRO PAÍS

Con este capítulo terminaremos nuestro recorrido literario por América Latina y España. Conoceremos a gente que, viajando, ha aprendido a conocerse mejor a sí misma y a comprender mejor a los demás. Porque vivir en otra ciudad u otro país, ya sea por motivos de estudio o de trabajo, nos enseña a ser independientes y tolerantes y a apreciar mejor nuestro lugar de origen.

En las páginas siguientes, leeremos sobre una bailarina argentina que estudia en Nueva York, la nostalgia de un poeta puertorriqueño que deja su tierra y los recuerdos de un escritor peruano que comenzó su vida profesional fuera de su ciudad.

Manhattan desde el ferry de Staten Island.

Notas

En un libro de **memorias**, el autor narra su propia vida, destacando las experiencias que le parecen más importantes. El tono es siempre muy sincero y personal.

Autor: **Mario Vargas Llosa (1936)**
Nació en Arequipa, Perú. Es autor de novelas, obras de teatro y ensayos. En su obra, premiada y traducida a más de veinte lenguas, habla de su vida en Europa y se interesa por los problemas político-sociales latinoamericanos. En su obra se destacan: *La ciudad y los perros* (1963), *La casa verde* (1966), *La Señorita de Tacna* (1981) y *Contra viento y marea* (1983-1990). Este fragmento pertenece a su libro de memorias *El pez en el agua* (1993).

Prepárate para leer

Piensa en una persona a la que admiras, ¿cómo ha influido en tu vida? ¿Qué cualidades admiras en ella?
Mientras lees la lectura, fíjate en cuáles son las cualidades que el autor admira en su tío Lucho.

◇ EL TÍO ◇ LUCHO

Mario Vargas Llosa

◇ PARA GANAR TIEMPO con la preparación del ingreso a San Marcos,° el abuelito me había enviado a Piura° los "cuestionarios desarrollados"° del examen, y dediqué las mañanas, antes de ir a *La Industria*,° a estudiarlos.

Me ilusionaba la perspectiva de entrar a la universidad y comenzar una vida de adulto, pero me apenaba separarme de Piura y del tío Lucho. El apoyo que me dio ese año, en esa etapa fronteriza entre la niñez y la juventud, es una de las mejores cosas que me han pasado. Si la expresión tiene sentido, en ese año fui feliz, algo que no había sido en Lima en ninguno de los años anteriores, aunque hubiera habido en ellos momentos magníficos. Allí, entre abril y diciembre de 1952, con el tío Lucho y la tía Olga, tuve tranquilidad, un vivir sin el miedo crónico, sin disimular lo que pensaba, quería y soñaba, y esto me sirvió para organizar mi vida de manera que congeniaran° mis aptitudes e ineptitudes° con mi vocación. Desde Piura, todo el año siguiente, el tío Lucho seguiría ayudándome con sus consejos y su aliento, en largas respuestas a las cartas que yo le escribía.

Tal vez por esa razón, pero no sólo por ésa, Piura llegó a significar tanto para mí. Sumando las dos veces que allí viví, no hacen dos años, y, sin embargo, ese lugar está más presente en lo que llevo escrito que cualquier otro del mundo. Esas novelas, cuentos y una obra de teatro de ambiente piurano no agotan aquellas imágenes de gentes y paisajes de esa tierra, que todavía me rondan pugnando° por mudarse en ficciones. Que en Piura tuviera la alegría que fue ver una obra escrita por mí sobre las tablas de un teatro y que allí hiciera tan buenos amigos, no explica todo, porque los sentimientos no los explica nunca la razón, y el vínculo que uno establece con una ciudad es de la misma índole° que el que lo ata de pronto a una mujer, una verdadera pasión, de raíces profundas y

San Marcos: *nombre de la universidad de Lima* **Piura:** *ciudad en el norte de Perú*
cuestionarios desarrollados: *con las respuestas* **La Industria:** *periódico local*
congeniaran: *combinaran* **ineptitudes:** *falta de habilidad* **pugnando:** *luchando*
índole: *naturaleza*

misteriosas. El hecho es que, aunque desde aquellos días finales de 1952, nunca volví a vivir en Piura —hice esporádicas° visitas—, de alguna manera seguí siempre en ella, llevándomela conmigo por el mundo, oyendo a los piuranos hablar de esa manera tan cantarina y fatigada —con sus "guas", sus "churres" y sus superlativos de superlativos, "lindisisísima", "carisisísima", [...]—, contemplando sus lánguidos° desiertos y sintiendo a veces en la piel la abrasadora lengua de su sol.

esporádicas: *ocasionales* **lánguidos:** *tristes*

Después de leer

A. En parejas escojan el sinónimo correcto para cada una de las siguientes palabras.

1. crónico	**a.** temporal	**b.** permanente
2. abrasar	**a.** quemar	**b.** acariciar
3. ineptitud	**a.** actitudes	**b.** incompetencia
4. aptitud	**a.** conducta	**b.** habilidad
5. vínculo	**a.** unión	**b.** vehículo
6. cantarina	**a.** cansada	**b.** musical

B. En grupos, respondan a las siguientes preguntas.

1. ¿Por qué fue importante el tío Lucho para Vargas Llosa?

2. ¿Cómo hablan los piuranos?

3. ¿Qué ventajas tuvo para el autor vivir con sus tíos?

4. ¿Por qué dice el escritor que aunque nunca volvió a vivir en Piura, siguió siempre en ella?

C. Escribe el superlativo de los siguientes adjetivos. Haz una oración con cada uno de ellos.

1. larga   **2.** popular   **3.** fácil   **4.** bueno

Ampliación

Escribe un párrafo donde hables de una persona que haya influido en tu modo de pensar y de ser.

Notas

La **décima** es una estrofa formada por diez versos de ocho sílabas cada uno. En los primeros cuatro versos se presenta el tema del poema. Tal es el caso de "Nostalgia". Es frecuente escuchar décimas, recitadas o cantadas, durante fiestas campesinas en países caribeños.

Autor: **Virgilio Dávila (1869–1943)**

Nació en Toa Baja, Puerto Rico. Fue maestro de escuela, agricultor y poeta. Dávila llevó una vida familiar y sencilla. Sus poemas tratan sobre las costumbres y la vida en Puerto Rico. Entre sus obras están *Patria* (1903), *Viviendo y amando* (1912) y *Pueblito de antes* (1917). El poema seleccionado, "Nostalgia", pertenece a *Aromas del terruño* (1916).

Prepárate para leer

¿Qué cualidades hay que tener para adaptarse a una cultura diferente? Mira la ilustración y lee el título, ¿por qué crees que el poeta siente nostalgia?

Nostalgia

Virgilio Dávila

Tras un futuro mejor
el lar° nativo dejé,
y mi tienda levanté
en medio de Nueva York.
Lo que miro en derredor
es un triste panorama,
y mi espíritu reclama
por honda nostalgia herido
el retorno al patrio nido.
¡Mamá! ¡Borinquen° me llama!

¿En dónde aquí encontraré
como en mi suelo criollo
el plato de arroz con pollo,
la taza de buen café?
¿En dónde, en dónde veré
radiantes en su atavío°
las mozas, ricas en brío,
cuyas miradas deslumbran?
¡Aquí los ojos no alumbran!
¡Este país no es el mío!

Si escucho aquí una canción
de las que aprendí en mis lares,
o una danza de Tavárez,
Campos, o Dueño Colón,°
mi sensible corazón
de amor patrio más se inflama,
y heraldo° que fiel proclama
este sentimiento santo,
viene a mis ojos el llanto...
¡Borinquen es pura flama!°

lar: *hogar* **Borinquen:** *nombre indígena
de Puerto Rico* **atavío:** *ropa* **Tavárez,
Campos y Colón:** *compositores
puertorriqueños* **heraldo:** *mensajero*
flama: *llama*

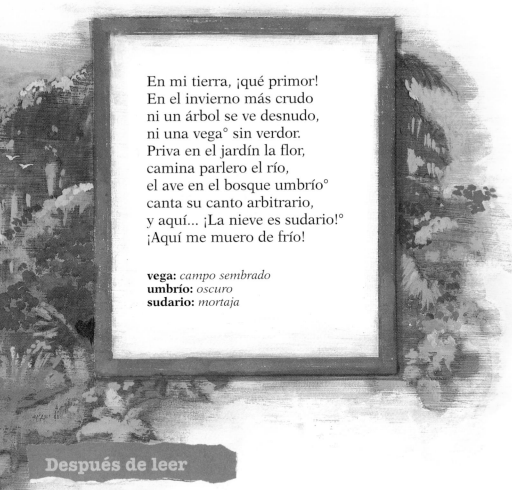

En mi tierra, ¡qué primor!
En el invierno más crudo
ni un árbol se ve desnudo,
ni una vega° sin verdor.
Priva en el jardín la flor,
camina parlero el río,
el ave en el bosque umbrío°
canta su canto arbitrario,
y aquí... ¡La nieve es sudario!°
¡Aquí me muero de frío!

vega: *campo sembrado*
umbrío: *oscuro*
sudario: *mortaja*

Después de leer

A. Contesta las siguientes preguntas.

  1. ¿Cuál es el tema del poema?

  2. ¿Cuál es el "lar nativo"? ¿Qué otra expresión utiliza el autor para referirse a éste?

  3. Según el poeta, ¿cómo son las mujeres en su tierra?

  4. ¿Por qué el poeta compara su llanto con un heraldo?

  5. ¿Cuántas décimas o estrofas tiene el poema?

  6. ¿Qué significa la frase "camina parlero el río"?

  7. ¿Qué quiere decir "Borinquen"?

B. Busca en el glosario el significado de las siguientes palabras y haz una oración con cada una de ellas: *en derredor, panorama, radiantes, crudo, arbitrario.*

Ampliación

Escribe un párrafo sobre cómo se sentiría alguien que tuviera que dejar su casa o su patria para vivir en otra parte.

Notas

Una **semblanza** es la descripción física y sicológica de una persona. En
ella se reflejan el carácter, las costumbres, el modo de pensar, los datos
biográficos y las anécdotas de la misma. A continuación presentamos una
semblanza de la bailarina argentina Paloma Herrera.

Prepárate para leer

¿Cómo imaginas la vida de un(a) artista famoso(a)?
Lee el título, ¿cómo crees qué llegó Paloma Herrera a ser una estrella?

Paloma Herrera
ALAS EN LOS PIES

Paloma Herrera está dedicada en cuerpo y
alma a la danza. Disciplinada y
perfeccionista, su vida es y será la danza.
Radicada° en Nueva York y Buenos Aires, reparte
su tiempo entre ambas ciudades.

Su vocación nació cuando tenía siete años y no
la abandonó nunca más. En 1985, a los nueve, fue
premiada en el Certámen Latinoamericano de Ballet
Infantil realizado en Lima, Perú. Al año siguiente
obtuvo el premio Coca-Cola de las Artes y las Ciencias
como mejor intérprete femenina en danza clásica.

A los once hizo su debut formal en el Teatro Colón,° interpretando
al Cupido° principal del ballet *Don Quijote*. Al año siguiente, junto a

radicada: *vive* **Teatro Colón:** *teatro en Buenos Aires donde se presenta danza, ópera y
conciertos* **Cupido:** *figura que representa el amor*

Paloma Herrera en *Don Quijote* con el American Ballet Theatre, Nueva York.

su profesora Olga Ferri y otras alumnas, viajó a la Unión Soviética a seguir un curso de un mes en la Escuela de Ballet de Minsk.

Al cumplir los catorce años fue invitada especialmente por la famosa Natalia Makarova° para tomar clases con las primeras figuras de Londres. Después, fue seleccionada para participar en los talleres° del grupo de máximo nivel de la School of American Ballet,° donde realizó diversos papeles° solistas y fue protagonista en el ballet *Raymond*.

La gran repercusión de sus actuaciones se vio reflejada en las críticas especializadas de los diarios *The New York Times, The New York Post, Newsday* y en la revista *New Yorker*. Después de estos éxitos, fue invitada para ingresar en el American Ballet Theatre.

Paloma no es una chica como cualquier otra. No le interesan las cosas que le pueden interesar a las chicas de su edad, como la ropa o los chicos, a ella lo único que le importa es bailar. Es una chica que transmite paz, es algo mística, y muy afectuosa. A pesar de vivir lejos

Natalia Makarova: *bailarina rusa* **talleres:** *clases* **School of American Ballet:** *escuela de danza de Nueva York* **papeles:** *roles*

de sus padres y de echar mucho de menos a su familia, para ella dejar de bailar sería realmente un sacrificio. "No me tomo vacaciones —confiesa Paloma— si dejo de hacer ejercicios y bailar, mis músculos se endurecen y tardo mucho en recuperarme."

Los bailarines que más admira son Alessandra Ferri, Natalia Makarova y Julio Bocca. En sus ratos libres le gusta escuchar música y ver videos de ballet.

Publicado en la revista argentina, *Caras*

◄ Paloma Herrera en *Don Quijote*.

Después de leer

A. En grupos, busquen en la entrevista las palabras de la columna A y sustitúyanlas por las de la columna B.

A	B
1. protagónico	**a.** cariñosa
2. radicada	**b.** éxito
3. repercusión	**c.** principal
4. afectuosa	**d.** vive en

B. Contesta las siguientes preguntas.

1. ¿Cuáles son los rasgos del carácter de Paloma?
2. Según su actitud, ¿cuáles son las claves del éxito profesional?
3. ¿Qué opinas de la disciplina que lleva Paloma en su vida?
4. ¿Crees que Paloma podría ser tu amiga? ¿Por qué?
5. ¿Qué ventajas y desventajas tiene una carrera como la de Paloma?

Ampliación

Escribe una composición acerca de qué carrera te gustaría estudiar y por qué.

GLOSARIO

El glosario incluye, además de los términos glosados en cada capítulo, localismos y palabras que se requieren en los ejercicios.

A

Abel (m.): personaje bíblico asesinado por su hermano Caín
acordás: acuerdas
acosada(o): perseguida(o)
acuosa(o): con mucha agua
aché: espiritualidad
Adelitas (f. pl.): mujeres que lucharon durante la Revolución Mexicana
adentrar(se): entrar
adquirí la certeza: comprendí
afectuosa(o): cariñosa(o)
agua potable (m.): agua que se puede beber
aguante (m.): resistencia
aljibe (m.): pozo de agua
alojarnos (alojar): darnos refugio
alucinante: fascinante
amarraba (amarrar): ataba
amuebló (amueblar): colocó muebles
anorak (m.): chaquetón impermeable
ansia (m.): deseo, angustia
añade (añadir): agrega
arraigada(o): adoptada(o)
arrecifes (m. pl.): rocas a la orilla del mar
articulaciones (f. pl.): unión de huesos
atavío (m.): ropa y adornos
ausento (ausentarse): me alejo
auspiciadores (m. pl.): patrocinadores
avería (f.): daño, desperfecto
azulejos (m. pl): baldosines que se usan para la decoración de paredes, suelos, etc.
Antártida (f.): región en el Polo Sur

B

bachillerato (m.): escuela secundaria
balbuceé (balbucear): dije con dificultad
becada(o): que disfruta de una beca
bellota (f.): fruto del pino

bien templado(a): bueno(a)
bocinas (f. pl.): claxones
brincar: saltar
Borinquen: nombre indígena de Puerto Rico

C

cabales: correctos
cacahuete (m.): maní
Caín (m.): personaje bíblico que mató a su hermano Abel
caja de seguridad (f.): caja de circuito eléctrico
calas (f. pl.): pequeñas bahías
calumnia (f.): falsa acusación
canastilla (f.): cesta de mimbre
candelabros (m. pl): candeleros con varios brazos para velas
capucha (f.): gorro
caravanas (f. pl.): aretes
carga (f.): responsabilidad
carmín: rojo(a)
cartelera (f.): programación
castañeteando (castañetear): chocando
cedan (ceder): renuncien
cerciorar(se): asegurarse
cerro (m.): elevación de tierra de menor altura que el monte o la montaña
cisne (m.): ave blanca de cuello largo
comestibles (m. pl.): alimentos
concederle (conceder): darle
concierne (concernir): afecta
congeniaran (congeniar): combinaran
consejo (m.): sugerencia
contrayentes (m.pl.): novios
corredor (m.): pasillo
crepitante: que suena a causa del calor
cresta (f.): parte más alta
cruciales: decisivos
cruenta(o): cruel
cuestionarios desarrollados (m.pl.): cuestionarios con las respuestas
cumbre (f.): parte más alta de una montaña
Cupido (m.): figura que representa el amor

CH

chapurreando (chapurrear): pronunciando mal las palabras
chilló enardecido(a): gritó con energía

chisporrotea (chisporrotear): suena como chispas al quemarse
da de bruces: casi chocamos
de cara: de frente
de hito en hito: fijamente
de puntillas: en punta de pie
declive (m.): pendiente
deja una materia para setiembre: hace el examen en septiembre en vez de junio
derrochaba (derrochar): malgastaba
desechos (m. pl.): basura
desfallecido(a): frustrado(a)
desgano (m.): indiferencia
desmedido(a): exagerado(a)
despeñó (despeñarse): cayó
despojaran (despojar): quitaran
desprender(se): muestra
detengo (detener): parar
dichosos(as): felices

E

efervescencia (f.): agitación
embarcadero (m.): muelle
encaramos (encarar): enfrentamos
encomiendas (f. pl.): paquetes que se manda por correo
encrucijada (f.): cruce
enjuto(a): delgado(a)
enseñanzas medias (f. pl.): bachillerato
entraña (f.): interior
escalera de caracol (f.): escalera en forma de espiral
esporádicas(os): ocasionales
estallar: explotar
estaño (m.): metal
esternón (m.): hueso situado en el pecho
estrenando (estrenar): usando una cosa por primera vez
evoca (evocar): trae a la memoria
exasperado(a): irritado(a), enojado(a)
éxito (m.): triunfo
expónles (exponer): explícales
exaltar: elogiar

F

faena (f.): tarea
falaz: falso(a)
fecundo(a): fértil
flama (f.): llama
freno (m.): dispositivo para controlar la velocidad de una máquina
fucsias (f. pl.): tipo de flor, arbusto de flores rosas o rojas

G

ganancias (f. pl.): beneficios económicos
genoveses (m. pl.): de Génova, Italia
granizo (m.): lluvia helada
güeros(as): rubios(as) (México)
guiñaban (guiñar): cerraban un ojo

H

heraldo (m.): mensajero
herméticos(as): secretos, muy reservados
hollarlos (hollar): pisarlos dejando huellas
honda(o): profunda(o)
hortera (m.): vendedor(a)
huipiles (m. pl.): blusas o túnicas de Guatemala y México
hueco(a): voz profunda

I

imprevisibles: que no se pueden predecir
inculcado(a): enseñado(a)
índole (f.): naturaleza
ineptitudes (f. pl.): falta de habilidad
insólita(o): increíble
inusitado(a): inesperado(a)
irreductible tenacidad: con mucha insistencia

J

jeans (m. pl.): vaqueros, mahones
juncos (m. pl) tipo de planta

L

labran (labrar): hacen
langostas (f. pl.): tipo de insectos
lánguidos(as): tristes
lar (m.): hogar
lona (f.): tela resistente de algodón

M

magueyales (m. pl.): plantas de la familia de los cactos
mando (m.): gobierno
marcapasos (m.): aparato que regula los latidos del corazón
matutino: de mañana

---

mecían (mecer): movían
mercancía (f.): artículos para la venta
monotonía (f.): repetición del sonido
mortificado(a): desesperado
mostrador (m.): mesón que se usa en las tiendas
muelen (moler): aprietan
muerta de risa: riéndose mucho
mujer de la tierra (f.): campesina
mundial (m.): del mundo

N

narcotizas (narcotizarse): anestesias
naufragio (m.): hundirse un barco en el agua por accidente
N $: nuevo peso mexicano
nuca (f.): base de la cabeza

O

Obatalá: el Dios afro-cubano más poderoso
ocasiones (f. pl.): rebajas, descuentos
optaron (optar): escogieron
Orula: Dios secretario de Obatalá

P

paladar (m.): gusto
pajes (m. pl.): criados
pantallas (f. pl.): aretes, pendientes
papeles (m. pl.): roles
parda(o): oscura(o), color marrón
paro cardíaco (m.): detención breve del funcionamiento del corazón
parra (f.): planta que trepa en un enrejado cuyo fruto es la uva
paxtle (m.): heno, paja
peatón (m.): persona que va a pie
penas (f. pl.): tristezas, sutrimientos
perecederos(as): que se echan a perder
Piura: ciudad en el norte de Perú
planchar: que no te inviten a bailar
pollina (f.): flequillo (Puerto Rico)
por entregas: por episodios
posadas (f. pl.): fiestas que se celebran en México del 15 al 24 de diciembre
praderas (f. pl.): campos cubiertos de hierba

---

primor (m.): belleza
principal (m.): director(a)
pudor (m.): vergüenza
pugnando (pugnar): luchando
puñetazo (m.): golpe que se da con el puño
pupitres (m. pl.): escritorios
puyaba (puyar): apretaba

Q

quebradero de cabeza (m.): preocupaciones
querés: quieres

R

radicada(o): vive
rambla (f.): paseo
rebozos (m. pl.): capas o chales
redacción (f.): oficina donde se escriben las noticias de un periódico
relucían (relucir): brillar
repleto(a): lleno
reposar: descansar
repudiables: despreciables
resaca (f.): oleaje que se retira de la orilla
respaldaba (respaldar): apoyaba
resplandeciente: brillante
retomas el argumento: vuelves al tema
retroceder: ir hacia atrás
riberas (f. pl.): orillas del mar
rizo (m.): vuelta
rostro (m.): cara
rudo(a): tosco(a)
ruines (m. pl.): malas

S

semblante (m): cara
silbato (m.): intrumento que suena como un silbido.
siniestrado(a): dañado
sismos (m. pl.): terremotos
soliloquio (m.): monólogo
son (m.): sonido agradable
sudario (m.): paño con el cual se envuelve a un muerto
sufijo (m.): partícula que se coloca al final de una palabra y cambia su significado
superarla: ganarle
suprimiera (suprimir): eliminar
surfing (m.): tabla a vela
suspenden (suspender): no aprueban

T

talismanes (m. pl): objetos para traer la suerte

talleres (m. pl.): clases

tasas (f. pl.): porcentajes

temporales (m. pl.): tormentas

tenacidad (f.): persistencia

tiara (f.): adorno para la cabeza

timbre (m.): sonoridad de la voz

tinieblas (f. pl.): obscuridad

tintes (m. pl.): colores

tiñó (teñir): cambió de color

tirabuzón (m.): en forma de espiral

tiritar: temblar de frío o de miedo

topamos (topar): encontramos

toma exterior (f.): conexión eléctrica situada fuera de la casa

torpes: menos ágiles

tramas (f. pl.): temas

transeúntes (m.pl.): peatones

trinos (m. pl.): cantos de los pájaros

trofeos (m. pl.): premios

tropiezo (tropezar): choco contra algo

truena (tronar): intensidad de la voz

U

umbrío(a): obscuro(a)

urbes (f. pl.): ciudades grandes

V

vagoneta (f.): vagón pequeño

vanas(os): inútiles

vapuleada(o): zarandeada de un lado a otro

vega (f.): campo sembrado

vencía (vencer): superaba

veneramos (venerar): adoramos

vilezas (f. pl.): crueldades

virrey (m.): persona que representa y gobierna en nombre del rey

Y

yemas (f. pl.): extremos de los dedos

Z

zafir (m.): piedra preciosa

zaguán (m.): hall de entrada a una casa

zapote (m.): fruto en forma de manzana, con carne amarillenta oscura

Anáfora: figura literaria que consiste en repetir una palabra o frase al comienzo de oraciones o versos: "No hay una iglesia de rumbo / no hay una iglesia de pueblo" (Andrés Eloy Blanco).

Columna: texto periodístico breve donde el autor da sus opiniones sobre la sociedad. Utiliza recursos para provocar la opinión del lector.

Crónica: es el relato detallado de hechos reales narrados en el orden en que ocurren. Pueden ser sucesos de la vida diaria o excepcionales.

Décima: estrofa formada por diez versos de ocho sílabas cada uno.

Entrevista: género periodístico que consiste en dar una información a través de preguntas y respuestas.

Estrofa: agrupación de versos en un poema.

Imagen: es una figura literaria que describe un objeto, situación, sensación o persona de manera gráfica, como si fuera una pintura o una película: "pasó entre los soldados tu silueta".

Lenguaje: es el conjunto de palabras y frases, que se emplean para expresar ideas y sentimientos. Puede ser científico, cotidiano, culto, etc.

Leyenda: relato basado en hechos reales que al ser transmitidos de una generación a otra adquieren un carácter fantástico.

Memorias: libro en el que el autor narra su propia vida.

Metáfora: figura literaria en la que se traslada el significado de una palabra o frase a otra: "Pies como almejas" (Gabriela Mistral).

Microcuento: relato muy breve que, generalmente, trata un solo tema y tiene pocos personajes. Casi siempre el tema es fantástico.

Moraleja: enseñanza moral que se encuentra al final de las fábulas.

Narrador(a): es quien cuenta una historia.

Oda: poema que expresa entusiasmo y exalta cualidades.

Patakines: cuentos de origen africano que transmiten enseñanzas sobre la vida.

Personajes: seres humanos, animales o cosas que participan en un hecho o relato.

Personificación: figura literaria que consiste en atribuirle cualidades humanas o animales a las cosas: "El parque se despierta, ríe y canta" (J. A. Silva).

Poema: obra en verso o en prosa en la que se expresan sentimientos o ideas.

Protagonista: personaje principal de una obra.

Relato: narración de hechos o acciones.

Reportaje: género periodístico que amplía una noticia. Contiene descripciones y entrevistas para dar un cuadro general de un hecho.

Retrospectiva: narración de un suceso pasado que se intercala en un relato en presente. Por ejemplo, cuando un personaje recuerda su pasado.

Rima: repetición de los mismos sonidos al final de dos o más versos, después de la última vocal acentuada: "Una tarde la princesa / vio una estrella aparecer / la princesa era traviesa/ y la quiso ir a coger" (R. Darío)

Semblanza: es el retrato escrito de una persona. O sea, un texto en el que se describen las características físicas y psicológicas de una persona. Incluye algunas anécdotas y datos biográficos.

Símil: comparación en que se emplean las palabras *como*, *cual* o *semejante a*. Por ejemplo: "abandonado como los muelles en el alba" (P. Neruda, Chile).

Tema: es la idea principal alrededor de la cual se desarrollan las demás ideas.

Tono: impresión o sentimiento que causa un poema. Puede ser alegre, melancólico, exaltado, etc.

Verso: es la línea de un poema

Versos libres: son los versos que no se ajustan ni a rimas ni a medidas fijas.

ACKNOWLEDGMENTS

continued from page 3

Luis A. González
"Conversando con un campeón de surfing. Entrevista a Juan Ashton", originally titled "Conversando con Juan Ashton" by Luis A. González, appeared in the newspaper *Tiempos*, October 1994. Copyright © 1994 by Luis A. González. Reprinted by permission of the author.

Verónica González-Mena
"La Navidad de Miguelito" by Verónica González-Mena from *Mosaico de la vida*, Harcourt Brace Jovanovich. Copyright © 1981 by Verónica González-Mena. Reprinted by permission of the author.

Octavio Paz
"La calle" by Octavio Paz from *Libertad bajo palabra*, *(1935-1957)*, Ediciones Cátedra, 1988. Copyright © Octavio Paz. Reprinted by permission of the author.

Peer International Corporation
"México lindo" by Chucho Monge. ©1945 by Promotora Hispanoamericana de Música S.A. Copyright renewed. Administered by Peer International Corporation. International Copyright Secured. Used by permission. "Las mañanitas" by Manuel M. Ponce. " 1949 Promotora Hispanoamericana de Música S.A. Copyright renewed. Administered by Peer International Corporation. International Copyright Secured. Used by permission.

Provincia Franciscana de la Santísima Trinidad
"Doña Primavera" by Gabriela Mistral from *Ternura*, Espasa Calpe, 1969. Reprinted by permission of Provincia Franciscana de la Santísima Trinidad, Chile.

Daniel Samper Pizano
Excerpt from "Cuaderno de tareas" by Daniel Samper Pizano, first appeared in the newspaper *El Tiempo*, Bogotá, February 1982. Copyright © 1982 by Daniel Samper Pizano. Reprinted by permission of the author.

Sociedad Argentina de Autores y Compositores (SADAIC)
"Canción con todos" by Armando Tejada Gómez and César Isella. Copyright © by Armando Tejada Gómez, César Isella and Editorial Lagos. Reprinted by permission of Sociedad Argentina de Autores y Compositores (SADAIC).

Fotogramas & Video
"Lo hispano es bello. Entrevista a Julie Carmen" by Jesús Palacios, appeared in the magazine *Fotogramas & Video*, October 1995. Reprinted by permission of Fotogramas & Video.

Univision Network Limited Partnership
"Frutos del paraíso" by Marta Madina, appeared in the magazine *Más*, May/June 1992. Copyright © 1992 by Univision Network Limited Partnership. Reprinted by permission of Univision Network Limited Partnership.

Vintage, a Division of Random House, Inc.
Excerpt from "Nos va a salir la cosa" by Esmeralda Santiago published in *Cuando era puertorriqueña*. Copyright © 1994 by Esmeralda Santiago. Reprinted by permission of Vintage, a Division of Random House, Inc. Excerpt from "Epílogo: Uno de estos días" by Esmeralda Santiago published in *Cuando era puertorriqueña*. Copyright © 1994 by Esmeralda Santiago. Reprinted by permission of Vintage, a Division of Random House, Inc.

Wylie, Aitken & Stone, Inc.
"Un patio" by Jorge Luis Borges from *Jorge Luis Borges: Obras Completas 1923-1972*, Emecé Editores, 1974. Copyright © by Maria Kodama, reprinted with the permission of Wylie, Aitken & Stone, Inc.

Note: Every effort has been made to locate the copyright owner of material reprinted in this book. Omissions brought to our attention will be corrected in subsequent printings.

PHOTO CREDITS

7, Sven Martson/Comstock; **9**, Robert Frerck/The Stock Market; **11** (b), Copyright © 1995 by the Metropolitan Museum of Art, Gift of J. Pierpont Morgan, 1917. (17.190.747); **11** (t), Jorge Contreras Chacel/International Stock Photo; **13**, Corbis/UPI/Bettmann; **15**, Steve Elmore/The Stock Market; **17**, "Tienda de Legumbres" by Elena Clement, Courtesy of the artist; **22**, Archive Photos; **25**, Michael Skott/The Image Bank; **26** (bl), Lou Bopp; **26** (br), Lou Bopp; **26** (tl), Michael Skott/The Image Bank; **26** (tr), Lou Bopp; **27**, Carmen Lomas Garza "Cumpleaños de Lala y Tudi" (Lala and Tudi's birthday party). Oil on canvas 36x48 inches © 1989 Carmen Lomas Garza. Photograph by Wolfgang Dietze. Collection of Paula Maciel Benecke & Norbert Benecke, Aptos, CA; **29**, Courtesy of the author; **33**, Courtesy of the author; **35**, Courtesy of Magdalena Flores; **37**, Christina Galida; **38**, Courtesy of the author; **40**, S. Bassouls/Sygma Photos; **45**, "Paisaje Doble" by Rafael Ferrer. Courtesy of the Nancy Hoffman Gallery; **47**, Grasziano Arici/Sygma Photos; **52**, Steve Fitzpatrick; **53**, Steve Fitzpatrick; **55**, Amanda Adey/The Image Bank; **60**, Corbis/UPI/Bettmann; **65**, Anna Eilas; **66**, Elliot Erwitt/Magnum Photos; **67**, Courtesy of the author; **71**, Photo Alphonso; **73**, Alex Puyol; **74** (l), Alex Puyol; **74** (r), Alex Puyol; **75**, Colin Fisher; **76**, Marty Lederhandler/AP/Wide World Photos; **79**, Photo by Rubén Guzmán; **83**, El País Internacional S.A., photograph by Francisco Ontañón; **85**, John Madere/The Stock Market; **87**, El País; **90** (b), Dan Potash; **90** (t), Courtesy of The author; **91**, Dan Potash; **92**, Elliot Marks/Photofest; **93**, Elliot Marks/Photofest; **94**, Elliot Marks/Photofest; **95**, Jon Riley/Tony Stone Images; **102**, Michal Heron/The Stock Market; **103**, Eduardo Gil/Black Star; **104**, Vera Lentz; **105**, Addison Wesley; **109**, Courtesy of the author; **112**, Alejandro del Bosco; **112-113**, Alejandro del Bosco; **115**, Elizabeth Holmes/Omni-Photo Communications, Inc.; **116**, R. Arturo/Globe Photos; **123**, Jack Vartoogian; **124**, Jack Vartoogian.

ART CREDITS

13-14, Bruno Paciulli; **18-21**, Normand Cousineau; **23**, Martin Schneebalg; **29-32**, Gerardo Suzan; **39**, Joey Hart; **40-41**, Bruno Paciulli; **42-44**, André Labrie; **46-47**, Alan Gross; **48-49**, Greg Couch; **50-51**, Jannine Cabossel; **56-59**, Hokanson/Cichetti; **60-61**, David Scott Meier; **68-69**, Stephanie Birdsong; **71-72**, Greg Couch; **76-78**, Penny Carter; **87-88**, Robert Burger; **97**, Melinda Levine; **99**, Roberta Ludlow; **105**, **107**, Rudy Gutierrez; **116-117**, Greg Couch; **119-121**, Kim Fujiwara